珍藏本
纪念版

汉译世界学术名著丛书

经济等级制、组织与生产的结构

〔美〕戈登·塔洛克 著

柏克 郑景胜 译

2017年·北京

Gordon Tullock

ECONOMIC HIERARCHIES, ORGANIZATION AND THE STRUCTURE OF PRODUCTION

汉译世界学术名著丛书
（120 年纪念版·珍藏本）
出 版 说 明

2017 年 2 月 11 日，商务印书馆迎来 120 岁的生日。120 年前，商务印书馆前贤怀揣文化救国的理想，抱持“昌明教育，开启民智”的使命，立足本土，放眼寰宇，以出版为津梁，沟通中西，为中国、为世界提供最富智慧的思想文化成果。无论世事白云苍狗，潮流左右激荡，甚至战火硝烟弥漫，始终践行学术报国之志，无改初心。

迻译世界各国学术名著，即其一端。早在 20 世纪初年便出版《原富》《天演论》等影响至今的代表性著作，1950 年代后更致力于外国哲学和社会科学经典的译介，及至 1980 年代，辑为“汉译世界学术名著丛书”，汇涓为流，蔚为大观。丛书自 1981 年开始出版，历时三十余年，迄今已推出七百种，是我国现代出版史上规模最大、最为重要的学术翻译工程。

丛书所选之书，立场观点不囿于一派，学科领域不限于一门，皆为文明开启以来，各时代、各国家、各民族的思想与文化精粹，代表着人类已经到达过的精神境界。丛书系统译介世界学术经典，引领时代思想，为本土原创学术的发展提供丰富的文化滋养，为推动中国现代学术和现代化进程做出了突出的贡献。

为纪念商务印书馆成立120周年，我们整体推出“汉译世界学术名著丛书”120年纪念版的珍藏本，寄望既利于文化积累，又便于研读查考，同时向长期支持丛书出版的译者、编者和读者致以敬意。

两甲子后的今天，商务印书馆又站在了一个新的历史时间节点上。我们不仅要铭记先辈的身影和足迹，更须让我们的步伐充满新的时代精神。这是商务人代代相传的事业，更是与国家和民族的命运始终紧密相连的事业。我们责无旁贷，必须做好我们这代人的传承与创造，让我们的努力和成果不仅凝聚成民族文化的记忆，还能成为后来人可以接续的事业。唯此，才能不负前贤，无愧来者。

商务印书馆编辑部

2017年10月

目　　录

前　　言

许多经济学家都考察过公司，但是一般来说，他们考察的是公司的规模，以及公司与社会其他部分的关系。对公司的结构和内部活动，经济学著作给予的重视就少得多了。要说“大多数经济学家都认为，如果我们有一种能保持公司竞争力的制度，并有可能使之替代无效率的管理，那就一切都没问题了”，那会是公正的。这是一项原则声明，我不想与之进行争辩。这两条标准都是重要的。然而，公司的内部活动是很有意思的事，而且或许这种活动是可以得到改善的，尽管读者将会发现，本书对这种改善的建议，相对来说是太少了。

我已经稍微离开了人们认为与科斯、阿尔奇安、德姆塞茨、詹森和麦克林等人的工作相联系的那些一般性思考，去做像钱德勒和德鲁克等人所做的那样比较细致的考察。在这里提到钱德勒是有些奇怪，因为他显然认为自己是个历史学家，而且他的著作也肯定具有极高的历史价值。可是他也对他所研究的组织的内部运作问题提出了非常重要的洞见。他没有对公司做许多概括性的描述，但他却描述了个别的公司，以及公司情况随时间推移产生的变化。不过，他这种水平对于公司运作的洞见是重要的，值得引起所有学者的注意。德鲁克的洞见也同样，尽管他并未声称自己是历史学家。但是，他的著作表现了对公司运作的深刻见解。

我在钱德勒或德鲁克之前列举的那些经济学家，都更自认为是经济理论家。不过，他们主要研究的是公司的外部关系，把公司与剩余索取者（不论是谁）之间的关系看作是外部关系的一部分。我并不是在批评他们的工作，那也不是本书要讨论的事情。本书的目的是把注意力转向公司内部。读者可能认为，我提出的问题在数量上超过了我提出的解决办法，我不会否认这一点。然而，这些问题是重要的。提出问题常常是第一步，是与解决问题同样重要的。

我已经偏离了目前写书的时尚，没有使用许多数学方法或符号。尽管我这样做是遵循着我自己的传统，但在本书里，这种形式的表达方式恐怕消失得比以往还要多。把我的思想组织起来，用符号的形式来表达，对读者帮助甚小，或者毫无帮助。在大多数情况下，现有的数据并不足以进行实际计算，或者说，即使有了这些数据，各种变量之间的关系也还是不甚了了。因此，同样的英文陈述可以写出许多不同的等式来。

把这些等式加入进来有可能起到误导作用，因为选定用于表达特定关系的等式可能暗指这种关系是存在的。但是无论如何，能用等式表达的关系并不多，能用数字或图表表示的关系也不多。我希望，尽管本书看起来与这个领域中的多数现代著作不一样，但这并不会给读者造成多大困难。

最后，我还要对我的写作风格中的一个方面表示歉意——我经常讲些逸闻逸事。一个原因是，我认为这样读起来比较轻松；另一个原因是便于记忆：如果某种思想附着在一个容易记忆的事情上，它在读者的记忆中就会保留得长久一些。然而，由于这种风格目前在经济学界并不流行，我讲逸闻逸事的做法一向受到批评。作为回应，我想要指出，**data(数据)**一词的单数是**datum**，或逸闻逸事。如果读者通过这些逸闻逸事得以热身，并因此感到本书易读易记，我就达到了目的。

在结束之前，我想要对玛格丽特·查康(Margaret Chacon)和雪莉·麦克尤恩(Shirley McEwen)的帮助表示感谢，同时也对我的助理研究员乔希·戈特金(Josh Gotkin)和两位出版社选定的匿名审稿人表示感谢，他们提供了非常有用的评语。

第一章　导言

我写过的第一本书是《官僚体制的政治》，尽管是出版的第二本书，那是对大型等级制的一项研究。尽管它的有些部分现在已经陈旧了，但是它的许多部分还没有被充分整合到现有的文献中。本书并非一个续篇，而是对整个问题从头再进行一次梳理。本书要研究大量尚未得到思考的问题：例如，我们为什么要有大型等级制。还有个问题是，为什么有那么多小的等级制。

其实，如果我们观察一下大多数的人类活动，我们就会看到各种不同规模的等级制混合并存。例如，我的房子是一家大公司建造的，这家公司建的房子遍及美国各地。要是我的房子需要小修小补，我就雇个油漆匠。他是个人业主，通常有个帮手一道工作，偶尔也为那家大公司工作。

政府也有这种极端的混合状态。列支敦士登和苏联政府，等级制的规模不同，当然，履行的职能也不完全相同，但它们都是政府。

如果我们转向经济或社会的其他方面，我们也会看到同样复杂的安排。家庭组织，从某些东方社会的大家庭，到我们在哥伦比亚能见到的小而迅速转变的“家庭”，种类多样，差异很大。教会组织，从罗马天主教会那样大型的中央集权的等级制，到基督教福音运动中通常相当小的（有时甚至是微型的）组织，不一而足。或许，所有这些组织的效率至少说得过去，因为它们现在仍然存在。任何关于等级制的理论都必须研究不同规模的等级制，也必须从根本上解释为什么我们要有等级制。

这类研究惯常的做法是从调查现有文献入手。在这种情况下，如果人们说的是理论而不是描述的话，现有文献并不太多。对各种等级制的描述，通常还有一些关于等级制为什么运行良好，以及它们如何能得到改善的一些一般性说明，在社会文献史中却比比皆是。

例如，波利比奥斯*用了大约50页的篇幅来讨论罗马共和国的政制和军事组织，军事组织在那个时期是罗马政府的最大部分。[①] 想要描述各种政府组织，并对它们的正反面品质进行评论的同样冲动，一直持续到当代。实际上，关于这个题目的文献浩如烟海；然而，这方面的正式理论，则依然如波利比奥斯时代那样，极度匮乏。

自从罗纳德·科斯有重大影响的论文[②]发表以来，"经济中的企业是为了尽量减少交易成本而存在的"这一观点一直都很重要。据我所知，还没有人把那个特定模型正式用于政府等级制或是罗马天主教会这类事物的分析，但是，这一模型背后的思想肯定具有广泛的适用性。

---

* Polybius(公元前205？—前123？)，古希腊历史学家，著有40卷的《通史》，记叙公元前264—前146年的罗马历史。——译者

① 见伊恩·斯考特-基尔伯特翻译的《罗马帝国的兴起》(Ian Scott-Kilbert, trans., *The Rise of the Roman Empire*[London:Penguin,1979],302—351)。

② 见罗纳德·科斯所著的《企业的性质》(Ronald H. Coase,"The Nature of the Firm",*Economica* 4(1937):386—405)。

所有等级制至少都有某些内部结构上的相似性。威廉·尼斯坎南曾多年受聘于美国国防部做经济研究人员，后来成为福特汽车公司的经济研究部主任。[①] 他告诉我说，从社会学上说，这两个组织几乎是相同的。

但是，如果科斯的交易模型没有在经济领域之外得到很多利用，那么，它在那些地方已经遇到困难。亚伯勒夫妇[②]在一份非常全面地包含了各种观点的调查报告中，列出了由交易成本发展出的五种理论，尽管其中只有一种是作为“交易成本”列出的。

这五种理论全都有一个重要的特点，即：说它们是观点或者观察资料，或许都比说是理论更准确。事实上，它们的第一个范畴，“交易成本”，包含了许多不同的曲解。第一个曲解是通常归结为威廉姆森及其学生的观点，即：非常专用的资本形式有可能导致开发利用问题，这个问题完全可以通过纵向一体化加以避免。

尽管这个观点在很大程度上是对的，但在这种观点似乎并不重要的地方，个别企业还是存在。为此，科斯已经在这个问题上把自己与威廉姆森区分开来。而且，无论如何，只说明一种特定状况会导致一种特定的组织类型，那还成不了一种一般性组织理论。

阿尔奇安-德姆塞茨的观点——以目前的公司形式存在的组织无疑主要是为了监视推卸责任的行为——很值得推荐，但是，它

① 严格地说，他受聘于国防分析研究所，但由于是国防部付他工资，而且他的工作主要是军事方面的，这并不是一件很重要的事。

② 见贝丝·V.亚伯勒与罗伯特·M.亚伯勒合著的《企业的交易结构——一份比较性调查》(Beth V. Yarbrough and Robert M. Yarbrough, “The Transactional Structure of the Firm—A Comparative Survey”, *Journal of Economic Behavior and Organization* 10(1988):128)。

也只是一种有偏颇的理论。这一理论认为，最终控制应该保留在有剩余索取权的人手中，但它几乎或根本没有告诉你关于组织的其他事情。这两种理论，还有其他的理论，都将在本书稍后部分中予以讨论。

研究了这些交易成本理论后，亚伯勒夫妇转向了"X—效率"的文献。这是一种具有启发性的文献，利本斯坦因(Leibenstein)在其中一向认为，公司常常不像它们应该的那么有效率，因为人们并没有尽他们该尽的力去工作。有趣的是，他在一开始常常推荐计件工作，而现在则推荐内部忠诚度的改善、团结、良好的士气，等等。在进行了一点儿远距离的心理分析之后，我猜想，这种变化的原因是，在中左派之中(那是他的特定社会背景)，计件工资是坏词，而团结、忠诚等是好词。不管怎么说，这还不是一种组织理论，只是对一个方面的简单说明。

第四种理论是"委托—代理"理论。它常常指出的是，委托人与代理人至少有一些利益分歧，因此，控制不大可能是完善的。这是对的(而且可以肯定，我的著作《官僚体制的政治》中对这一点做了许多强调)，但它也不是一种一般性理论。

另一种观点是"社会学的"，研究的是团体组织，以及企业—市场界面上这些组织与市场力量之间的互动。它不太具有理论性，但是任何人读了这方面的文献都能从中了解到许多公司运行的实际情况。

最后一种理论是个非常抽象的领域——"机制设计"研究，它常常研究的是面对不对称信息的组织。

所有这些理论都很有意思，而且具有启发意义的是，它们彼此并不矛盾，尽管学者们一般都把它们看作是相互排斥的。所有这些理论可以同时为真，所有这些理论大都是正确的。但是，它们中也没有一个能被看作是一般性理论。

必须承认，本书也不会成为一种一般性理论，但是它将比以前提到的任何研究都更具一般性。它或许可以被当作一幅总图，其中整合了大量理论碎片，尽管这种整合还不够坚实，还不能被当作一种大型理论。

本书的研究与我们说到的其他研究还有另一个区别。我确实打算研究所有等级制，而不仅限于研究大型工商业公司。我要着重研究的是所有等级制的共性；但我也想研究不同种类等级制之间的许多差异。

在结束这第一章之前，我想少说几句来排除一个问题——一个并不困难，但是常常搅得报纸及其读者不安的问题。近来出现了许多激烈的资本重组。这些重组一度，主要以出价收购(take-over bids)*的方式进行，但最近已发展为负债收购(leverage buy-out)**。报纸上对这一问题的讨论大都趋于杞人忧天，呈现出一种相当奇怪的观点，认为负债收购确实会使美国经济的一些部分消失。

让我们来假设，某个大型企业集团的管理层策划了一项负债收购，它为此要借巨额贷款去买下那家公司的全部股票，然后再卖

---

* 指一家公司先开出收购另一家公司条件的收购。开价条件可以是现金，也可以是股票，一般在一定时期内有效。这种收购形式与友好收购或敌意收购无关。——译者

** 此词最早译为“借力购买”，以后有译为“杠杆收购”的，由于其主要的做法是通过向银行大量贷款进行收购，贷款额大于原有资产，故这里译为“负债收购”。——译者

掉企业集团的几个部分以偿还部分贷款。人们常常提到的看法是，不管怎么说，被卖掉的部分将不复存在；而且本应投到生产设备上的这笔巨额资金被浪费了。

第一种观点的错误是明显的；第二种观点的错误不大明显，因为不是所有人都意识到，当你从银行借了许多钱去买东西时，你确实减少了所借银行的可贷出资源，但你肯定增加了卖你东西的人的银行的可贷出资源。除了买方和卖方会手头存留一些现金，造成某种经常的数量差额之外，投资总量并没有改变。

总的来说，经济重组应该被看作是某种可以或不可以提高效率的事情，但并没有从根本上改变消费者、工人（包括管理层）和投资人的状况。当然，这三方人员是相交的。即便是激烈的重组，如负债收购、出价收购、合并、破产等，工作人员总量、资本价值总量，以及消费者总量和他们投资的数量都不会发生大的变化。

关于这个或那个组织的效率情况存在着争论，也总有个别的赢家和输家，但是实际资源仍然没有改变。消费者满意还是不满意，将取决于组织与资源两方面的效率。

民主政府的重组，在某种程度上也是这样。英国目前正向弱化地方政府的方向发展，并把地方政府的权力转交给中央政府。这种发展不会全面改变英国选民个人或公务员的权力，但是这么做可能会大大改变贯彻执行选民看法的效率。同样，1945 年由同盟国在德国和日本实施的激进的政府权力下放，实际上也并没有缩减政府的规模。在德国，这种做法把独裁政权转变为民主政权，当然，这大大改变了选民的权力，但是如果转变为一个高度中央集权的民主政权，也会出现同样大的变化。所以，总的来说，激烈的重组影响效率，但并不改变社会的物质结构。

你可以把经济等级制看作是这样一些组织：那是资本持有人、工人和消费者共同建立的，希望以最低人工成本生产消费者想要的产品的组织。由于工人和消费者从根本上说是同一些人，他们的这两种身份有个交替换位（tradeoff）的问题。从一个组织转到另一个组织，可以用效率的或美学的或道德的特征进行评估，但是应该意识到，这些方面全都有同一个目标。

民主政府也是这种情况，而且我甚至可以说，独裁政权也如是。当然，在独裁政权下，老百姓无足轻重，但是独裁政权结构的变化（再说一遍，主要指效率方面的变化），并不改变独裁者或普通公民的相对重要性。同样的事是否会发生在宗教组织中，如罗马天主教会和福音派教会，我不知道。所有的教会都认为，他们的那个组织有更高的权力护佑。可以想见，其中总会有一个是对的。

但是，对于一个导言，这已经够了。现在我们就来研究这些不同形式的组织。由于篇幅所限，本书将简要地介绍存在于庞大文献中的各种专题（例如，我所说的“威廉姆森主义”的专题），但是我认为，简要并不会歪曲这些专题，学者们都知道如何去找到详细的文献。那么，让我们就此开始分析吧。

第二章　为什么有等级制组织？为什么没有呢？

在大部分人类文明史中，人类有一个大型等级制组织——政府；在政府之下，每个“国家”都有几个小的经济单位，主要是家庭。还有强有力的宗教制度，但它通常与国家紧密融为一体。在中世纪的欧洲，最强有力的等级制组织其实是教会，而政府倒相对较小，这种情况异乎寻常。

国家与教会的密切联系在像印度或伊斯兰公国那样的地方就常见得多了。像古苏美尔的情况也相当常见，那里的圣堂在本质上就是城邦国家的政府。

然而，一般来说，在人类历史上，我们认为的纯粹经济活动，要么由一个大型的中央集权的组织来进行，这种组织可以是国家、教会或国教(state-church)；要么由多少是为自己工作的许多家庭在进行，尽管这些家庭也要经常受到来自国家的大量监管。这些家庭或许会——通常是根据国家的命令——组织成为专业的基尔特*，但它们还会以半家庭的方式进行生产。偶尔也会出现较大的经济企业，但那是极罕见的①，而且与国家相比还是小的。

---

* Guilds，中世纪时的行会或行业公会，称为基尔特。——译者

① 从很早的时候起，大到能装下一家人但不雇用水手的船只，就是海上长途旅行所必需的了。我并不知道，驾驶这种船只的经验对于其他企业组织是否重要。

最大的等级制组织是政府，这仍然是事实，但是非政府的大型等级制组织也是存在的。例如，麦当劳公司就是现在世界上最大的私营雇主，有100多万人为它工作（大多是兼职）。通用汽车公司和埃克森石油公司也都是庞大的等级制组织，但都不是政府的一部分。从历史上看，也有许多私营公司实际上就是政府的例子。最显著的例子是“东方商业冒险者公司”（Company of Merchant Adventurers to the East），它的重要性与荷兰的同类公司很接近。在它们那个时代，世界经济中没有哪家现代公司的重要性能赶得上这两个组织。

尽管传统的规律是许多小的群体构成一个大的等级制组织，但今天组织规模的形成曲线（generating curve）* 会平缓得多。平均而言[①]，政府仍然是最大的组织[②]，但也有一些非常大的私营组织。为什么会有这种大小混合的现象呢？

如果我们单独来看一看政府，问题是同样的。首先，在任一时间点上，有许多大、中、小型的国家。如果我们取某个特定的时间段，我们通常就会看到，要么是平均规模变大的趋势，要么是平均规模缩小的趋势，非此即彼，但是根本没有明显的长期趋势。

当然，世界人口现在的确已经比苏美尔那个时代的人口多得多了，而且由于有了高效的交通也更融为一体了。所以，当用人口来衡量今天国家的平均规模时，从定义上来说，这种规模几乎都变

---

* 原文为“geni curve”。经作者指点，改为“generating curve”。——译者

① 有一个重要的相交现象——列支敦士登比通用汽车公司要小得多。然而，据我所知，在每个国家，政府都是最大的等级制组织。

② 在19世纪的美国，这或许还不是事实。铁路的联合，成为第一个真正巨型的私营企业，而联邦制可能已经导致最大的组织是私营的，而不是政府的。

大了。然而，中国人口占世界人口的百分比已经比乾隆时期小了。从地理区域方面来说，有史以来的最大国家是13世纪时的蒙古帝国，而第二大国是由菲利普二世统治的共主联邦的葡萄牙—西班牙帝国。这两大帝国都已土崩瓦解了。

20世纪是一个大国垮台并由小国替代的时期。俄国是个独一无二的例子，只有它的规模得到了实际增长，而其所获也不多。并且，这个帝国目前也正在解体。

因此，如果我们泛泛地看一看民族国家，我们会看到与市场中一样的现象，即不同大小规模的广泛混合。然而，这种情况几乎素来就是全部人类历史的特点，正如我以前所说，在人类历史上，直到不久前，经济还可以从规模上分为两类：一类是具有经济表现形式的国家；一类是家庭。

但是，即便如此也还没有对我们在政治领域中看到的极为不同的规模差异给予适当的强调。有些人只是根据定义认为，在某个地理区域内只能存在一个政府。有时候美国的政治学者就这么说，而这令人诧异。

地理上的权力下放——我们称之为联邦主义——是很常见的。这种情况甚至并不仅限于美国和瑞士这样的民主国家。卡尔·威特福格尔*在《东方的专制主义》一书中谈到，大多数政府对各个农业村庄的广泛活动都给予了自治权。① 其实，作为一般规则，即

---

* Karl Wittfogel(1896—1988)，德裔美国东方学家，曾在华做社会和历史研究，中文名魏复光。——译者

① 见卡尔·威特福格尔所著的《东方的专制主义：对总权力的比较研究》(Karl Wittfogel, *Oriental Despotism: A Comparative Study of Total Power*[Yale University Press, 1957])。

使是一个大城市，也可以是由行政当局批准的这类自治村庄（我们称之为“居民点”）的联合，来处理许多在图森（我住的城市）属于市政府分内的事情。因此，在某些小事上，这种自治村联合中的村民实际上享有比图森市民对政府更多的控制权，而一位图森市民的选票则被一个统一政府辖区中20万其他人的选票稀释了。

这里的情况也是多种多样的。与中国的共产党政府不同，俄国的共产党政府是不允许这种地方自治的，尽管它也为此制造了些借口。[①] 在民主国家中，法国在大型中央集权化方面从来都是著名的，尽管它现在的中央集权已经比过去少了；而英国则正在增加对地方政府的中央控制程度。然而，为什么我们看到了这些不同形式政府的问题仍然是个悬而未决的问题。

请注意，当我们谈到政府结构这类问题时，公民对其所属政府规模的控制，并不像他对与其交往的经济等级制规模的控制那么多。个人能够完全自由地决定，是把他的钱投资给一个独自经营的水果摊（可能是他自己的），还是投资于通用汽车公司的股票，但他并没有同样的自由来决定其政府的规模。

我们再来看一下市场中作为雇员而不是作为投资者的个人，那么，在决定他所在组织的规模方面，他虽不像投资者那样完全自由不受限制，却也还是颇为自由的。在图森市，我可以在当地的餐馆中找个工作，也可以到美国航空公司任职。但是要想在政府中获得同等的选择机会，我恐怕就得搬家了。

① 我并不希望夸大中国的情况。毫无疑问，老中华帝国治下的村庄比在共产党政府治下对自己的事务有更多的控制权。不过，当地人对当地事务有很大控制权仍然是事实。魏复光把古代政权治下的这种制度解释为行政管理边际效用下降的结果。他认为，大型等级制的底层根本就做不好工作，因此，放弃底层是明智的。

人们过去常说，政府必须有一种垄断性的施压手段。在美国肯定没有这样的政府。倘若我犯了罪，我可能被地方警察、州警察，或是联邦警察逮捕，这取决于对我指控的各种细节。政府的这三个层次对公民施压，而且整个情况运行得相当好。

这里，我们看到了在施压组织方面相当令人诧异的差别。在美国，在你居住的城市，那里会有警察局，警察局局长由民选政府任命。州级和国家级的警察部队也是按相似的原则建立的。然而，在你住的县里，警察局的负责人却由直接民选的官员担任，称为县治安官。他在许多情况下是县里最重要的官员。但是在许多州，这两种警察又会把你交给同样的法官审理。

在另外一些国家，警察部队总体的中央集权度相当高。法国就是个例子。法国摒弃任何专制政府的做法，但俄国的专制政府则确实拥有一支中央统一控制的警察部队。要说分权的警察，我或许会提到墨西哥，它是图森市的邻居。他们有两种警察部队：一种只处理交通问题，另一种则对付所有的非车辆犯罪。

国家是否应该或愿意掌控我们通常认为应由国家管理的所有活动，这还不清楚。在传统的伊斯兰社会中，法律并不由国家的立法机构控制，而是按照无数伊斯兰学者的解释由《可兰经》规定的。而且，实际执法的法官都是受过神学教育的，尽管地方专制君主（伊斯兰国家通常都是专制国家）任命现任法官，但法官的选拔却在非常小的人员范围内进行，这些人都必须具有神学背景。

例如，伟大的世界征服者泰摩兰（Tamerlane）*，一旦对簿公堂，

* 即 Timur，帖木儿，1336—1405 年，帖木儿帝国的创建者，曾先后征服西察合台、波斯、阿富汗、印度直至小亚细亚，后于东侵中国时暴卒。——译者

或是由他所在地区的伊斯兰教会组织审理官司时，他实际上就不是其王室的主宰者了。尽管专制君主可以砍掉人们的脑袋，而且事实上也这么做过，但这也并不意味着他们可以改变适用于普通公民的法律。

甚至一国中的每个人也不一定都受到同一法律的控制。古老的土耳其帝国（这样的帝国还有许多其他国家，但土耳其帝国具有最正式的形式），不是按地理位置而是以宗教为基础联合而成的。那么，对于马龙派基督徒，控制着他们生活的许多法律是马龙派教会的法律。实际上，这个教会还保有一支小型警察部队，并有一种税收制度，以支持其政府的活动。这些法律与，比如说，犹太人的宗教组织对犹太人实行的法律，是很不同的。

我们再次看到了大量有着不同规模和不同结构的组织。为什么存在这种多样性，这个问题很重要。

从整个历史来看，大多数人似乎已经简单地认为，事情就是这样的，而没有对它问个为什么。据我所知，第一次的认真探究仅限于提出“为什么我们有不同类型的经济组织”这个问题，那是罗纳德·科斯于1937年提出的。在他著名的论文《企业的性质》中，他不仅提出了这个问题，而且给出了部分答案。甚至他提出这个问题的创意都应该受到重视。这篇论文在当时完全被忽视了；而在后来的许多年之中，人们在脚注中引用它，但显然没有人读过它。①

① 见 Ronald H. Coase，“The Nature of the Firm”，*Economica*，n. s.，4（1937）：386—405，特别是392页第三段和脚注5。说科斯给出了部分答案，这一事实显然只有极少数人了解，但是罗纳德·科斯就是这些人之一。例如，请见刊登于《法、经济学与组织杂志》（1988年春季刊）的R. H. 科斯的讲稿，特别是讲稿2和讲稿3，第19—47页。在讲稿3中，科斯说，他还在为找到这个问题的完整答案而工作（第33—47页）。

科斯研究的这个重要问题，大概在亚当·斯密 1776 年写出《国富论》之前还没有人提出过。在斯密之前，市场被认为原本就是一个杂乱的过程，而当你想到经济或社会秩序时，你想到的就会是政府结构，或许还会想到教会。斯密指出，市场本身是个有条理的过程，而大多数经济学家则认为，市场比大多数其他组织都更有条理。

但是科斯向自己提出的问题是：为什么我们有，比如说，生产汽车的大型组织，而不是许多小企业，每个小企业从事某种与汽车有关的特定经营活动，然后再同其他人进行交易。例如，通用汽车公司从密尔沃基的 A. O. 史密斯公司购买其小汽车的车架(frame)，另外，让其全资子公司费雪车身厂生产小汽车的车身。为什么有这种差别？的确，为什么我们不搞几个小型专业化企业，让每个企业都在一个总承包商的监管下从事生产车架或车身的一种任务呢。

许多经济企业一直就是分权的或者现在已分权了；其实，大多数建筑物都是这样建造的。庞大的承包组织实际上只有相对少的直属雇员，而且这些雇员大都从事监管分包商的工作。纽约的服装业是另一个例子，用大量的专业化企业只对成批的纺织品做一种处理，然后交给另一个组织去做另一种处理。

在惠特尼对军工业进行革命化改造之前，军工业是这样组织的：伯明翰是那个时期世界军火界的中心，那里没有大企业，大量小企业生产特定的工艺步骤。其实，整个外包制(putting-out system)就是这种情况的一个例子。

要是我们看看今天的世界，我们会看到，不仅经济企业(我们暂且仅限于这个领域)的规模广泛多样,而且这种规模还会随时间而变化。不久前有一股潮流,在同一家公司内建立从事不同业务的大型企业集团。实际上,有关企业集团的效率问题已经形成了专门的理论(以后再谈)。

目前,有人发现,如果把企业集团内的个别单位卖掉,它们会比整个企业集团还值钱。因此,这些企业集团正在被迅速肢解。显然,在这种情况中,我们找不到可以作为任何一种组织规模合理性的过硬论据。而且,这些企业集团是进入资本市场扩张有效率(人们以前认为是这样),还是分解有效率(这是当前的时尚),这个问题的答案一点儿也不清楚。

我们还可以再深入一些。大多数美国企业一开始都是小的持股人数有限的封闭企业,只在后来扩大发展时才上市。再说一遍,公众持股公司和股票交易相对于由少数几个管事经理拥有全部股票的封闭公司,是效率非常高的方法,有关分析已形成了一般性理论。而现在,借债收购——也就是管理层把公众持股公司转变为一个由管理层持股的封闭公司(靠巨额抵押贷款)——只是一种时尚。

请注意,这两种变化在某种程度上是相互关联的。某些建立起大型企业集团的管理层现在正为了把企业集团大块拆分卖掉而组织借债收购,然后,经营较小的部分。总而言之,我们显然需要大大改进自己对于等级制理论的理解。随着本书的进展,我们会看到更多的难题,也会找到一些相当简单易懂的答案。

甚至当我们转向内部组织时,我们也能发现某种相似的多样性。我以前曾提到,麦当劳是世界上最大的雇主。严格地说,这并非事实，因为尽管麦当劳的确拥有大量它自己的汉堡包店，但通过特许授权经营的店更多。另外有一些公司几乎全都是特许授权经营；还有一些公司差不多全部是直接经营。更有像宏碁硬件公司(Ace Hardware)那样的组织，实行“反向特许经营(reverse franchising)”，那里的中央组织是属各个店铺所有的。

关于所有这些组织类型的效率存在许多争论。如果我们泛泛地看看这个领域，我们通常会看到，某个方向已经发生了变化，或另一变化正在进行中：有些公司会回购其特许经营权，而另一些公司则愿意把自有的零售店卖给有可能接受特许经营的经营者。图森市的一家大型豪华度假饭店帕罗玛饭店(La Paloma)，原来就是作为威斯汀饭店(Westin)的特许加盟店建造的。现在它已经被威斯汀饭店买下来，并准备将来进行直接经营。

多大规模的等级制才有可能在商界存活下来，显然没有一定之规。这种情况在政府也是一样，没有一成不变的情况。政府中的变化往往慢得多，而且不常见到其自身的反向变化。例如，在美国，自 20 世纪 30 年代以来，中央政府肯定已经缓慢地(有人会说是非常缓慢地)增大。但是在法国，自从戴高乐于 1958 年当政以来，政府一直在缩减。

美英两国一直在进行权力下放的努力，但是这些努力收效甚微。我们再来看看中央集权的国家南斯拉夫，在铁托时期曾是中央集权的专制国家，[①]现在已经解体了。俄国可能会步其后尘，走

① 铁托是按地理区域组织起其独裁国家的，但是，“联盟国家”的不同政府确实唯命是从。

上同样的道路。

近年来，政府收缩的重大例子是法、英、比、荷放弃了他们的帝国。有个神话说，新兴国家是靠战斗赢得了自己的独立。除了极少数例外，这不是事实。英国军队仍然坚持认为，他们输掉的唯一殖民地是美国。这也不全对。在某些地区确实出现了战斗，致使英国人宁愿放弃继续统治。马来亚和爱尔兰，可能还有肯尼亚，都是例子。然而，一般而言，独立运动本质上是英国人推动的。印度的国大党毕竟是由英国人发起成立的。

甚至欧洲的民族国家也表现出些许分裂的倾向。英国和法国都对苏格兰、威尔士和布雷顿的民族主义做出了姿态。目前这还只是姿态。当然，西班牙有了一个权力下放的宪法，而加泰罗尼亚和巴斯克地区的民族主义都是真实的现象。

大多数脱离了殖民帝国的新兴国家，几乎没有什么理由对现行边界提出要求。它们就是些为了殖民国的方便而建立起来的行政管理单位，并且与语言或经济的一致性几乎没有什么关系。迄今为止，这些边界大都还保持着原样未动，但是新兴国家政府普遍的无效率表明，这种情况恐怕不会继续。安哥拉过去曾陷于某种可以被看作是内战或是邻国入侵一类的情况，在你读到此处时，它可能再次陷于这种情况之中，而主要的战斗发生在讲两种语言的人群之间。

换言之，我们并不知道这些地区中，什么样的规模是最佳规模。为了避免失望，我要说明，读者将不会在本书中找到一个完整答案。我们将会看到的是，有许多因素偏向大些的个体，而另一些因素偏向小些的个体。还有一些因素显示，变革（无论是什么变革）有可能导致效率的改善。偏向于大或小的因素共同形成了广泛的范围，效率在其中显不出什么差别，而且已有的效率也可以得而复失或失而复得。

但是本章的题目提出了为什么我们会有这些等级制的问题，而我到目前为止还仅仅讨论了许多不同类型和不同规模等级制的存在。现在，我们要转向关于这些等级制存在理由的一些初步想法。

古代史的研究人员几乎肯定都见过埃及艺术家在大约公元前3000年创作的那幅名画，画上有一块用来建造法老金字塔的巨石，看上去好像有好几百个农民在用绳子拽那巨石，一个手持皮鞭的人站在那石块上监视着那些农民。[①] 我们都会同意，这画上表现的是一个等级制；而且我们也都明白这个等级制存在的原因——当然是有位法老有权力也有意愿要建造那座金字塔。

在这一事例中，事实很简单。这个等级制由一位监工和许多农民构成，据我们所知，这些农民都是被征来做工的。然而，这个等级制只是一个更大等级制的一部分。

但是，请考虑一下这种情况：假如沿用的是一个有些不同的组织。假设那位监工，不单是站在巨石上向那些工人发号施令，还给每个工人发一定数量的钱，无论多少，只要他认为合适，那些工人就会愿意抓紧绳子使劲拉。我们甚至可以设想，监工用不着拿鞭子去逼迫行动迟缓的人，只要解雇他们就行了。这还会是个等级

① 那个石块下面也有一些农民在拉滚木、在往路面上泼水，等等。为了简化我的例子，我就略去不说了。

制吗？我认为，答案是否定的，除非工人和监工的特定组合可以持续一段时间。

那么，我对等级制的定义就是，许多共处一段时间的人们（男人、女人），以各级领导和被领导者的关系组织到一起。在不同的语境中，读者可以随便使用其他定义，但是，如果他想弄懂我这本书的话，他就该记住我的定义。

假设监工与几个拉绳子的工人小组讨价还价，每组工人拉一根绳子。假设每个小组有一位经理和10位工人。要搬运那块石头必须有20个这样的小组。这就是一个小型的等级体系了，其中的每个等级制都是固定的，但也都与各位监工签订了搬运石头的合同。

显然，这些小组都是等级制，但这20个小组是不是构成一个整体的搬运石头的等级制呢？我会说，不是的。假设这种构成完全是暂时的，它就是个市场组织。因此，我们能够用通过市场把小型等级体系组织起来去完成大项目。反之亦然。当大公司为特定工作雇用临时工时，就是这种情况的例子。

建筑业是市场组织的一个极端例子。来看看这种情况。作为住在图森市的一位户主，我遇到了这么件事：我需要专业人员帮助我打理我的房子。由于我已经入住了，我雇了一位美化庭院的园艺师（landscape gardener）、一位水管工和一位油漆工。油漆工自己干自己的，他拥有自己的资本设备，还有许多不同的客户。[①] 水管工属于一家很小的公司，园艺师也是这样。他们三人全都在高

① 在大多数工作中，尽管不是全部，他也需要一位帮手。

度竞争的环境中从事工作，而且从实际意义上说，我也一样。我必须向他们说明工钱和工作状况，那不比他们在别的地方能找到的活计差，以争取他们为我服务。

请注意，与这些人打交道只需要很少的交易成本。我向几位邻居打听哪个油漆工好，然后接受他们的建议。我甚至没有同这位油漆工砍价，也没有了解他的工作细节。他的名声很好，而且他大概也想保住这种名声。因此，我接受了当时的市场价。我心想，如果是图森市的一家大型建筑集团雇用了他，比如说，费尔菲尔德公司（而且他确实也为这家公司做活儿），他们给他的待遇可能会比我给的好一点儿。而且，费尔菲尔德公司还得付钱给一位专家来安排这些事情。

水管工是我从黄页电话簿上一下子就选中的。我打了电话说明我的要求，接电话的女士立刻就告诉了我他们的基本价格。我设想这就是市场价。再要四处打探找别人似乎不值得；对我来说，这就像去超市购物，不值得再到别家店去逛了一样。

找园艺师的情况要复杂一些，因为我想要把院子整个翻修一下，而这会很费钱。我从三家庭院设计公司得到三份报价。我认为，这里的交易成本很合适，因为这三家设计公司都拿出了他们建议做的庭院设计图。

这里的所有情况与搬运金字塔巨石的情况看来非常不同。明显的差别在于，法老要搬运他的石头，实际可用的技术手段只能是让许多人或牲畜去拉那石头。他得让这些人或牲畜在同一时间全都做同一件事。但是这种差别可能并不像你想象的那么大。许多高度综合的工作，要求人们要么在同一时间做同一件事情，要么更常见的是，在一个适当的时间模型中做好多不同的综合性工作，而这些工作都会根据与小的个体签订的合同进行。

费尔菲尔德是一家在我的住处附近建了许多房子的公司。它必须让任何一所房子的所有工作按正确的时间进度完工。从一项工作完成到另一项工作开始之间，既不能拖拉得太久，也不能相交得太多，让某个工种的工人等待前一工作的完成。不过，他们还是使用与几家小型专业承包商签约的办法来工作，而不是自身维持一个大型的等级制组织。

费尔菲尔德并不是这种情况的唯一事例。在靠近我居住的地方，一座新桥正在替代旧的桥梁。同样也有大量的熟练工和复杂的资本设备。无论如何，资本设备是许多企业拥有的。由于投入的费用很高，这些企业很难说是小企业，但是肯定要比建设桥梁的承包商小。

每个正在读这本书的人，大概都已经读过了科斯的《企业的性质》，尽管你们中的许多人或许还没有读过他最近发表在《法、经济学与组织杂志》上的有关这个题目的一些思想。[①] 他在企业理论上的立场常常有些过于简单地表达为这种观点：企业消灭了有关各方讨价还价的成本，也即交易成本，因此，企业是一种以等级制控制替代直接讨价还价的做法。诚然，科斯是市场的强烈支持者，

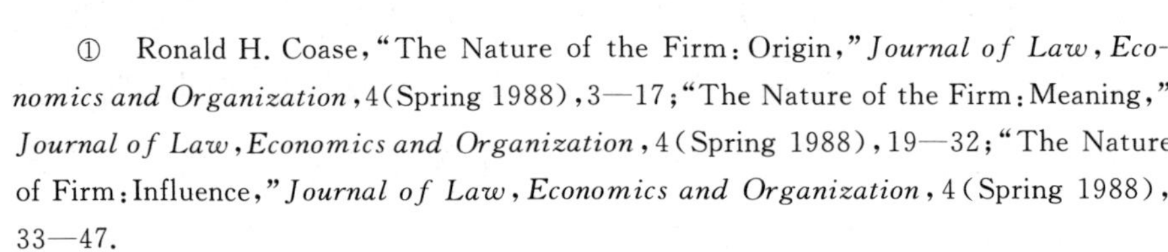

① Ronald H. Coase, "The Nature of the Firm: Origin," *Journal of Law, Economics and Organization*, 4(Spring 1988), 3—17; "The Nature of the Firm: Meaning," *Journal of Law, Economics and Organization*, 4(Spring 1988), 19—32; "The Nature of Firm: Influence," *Journal of Law, Economics and Organization*, 4(Spring 1988), 33—47.

正如科斯师从的前辈和首先发表了科斯的文章的人们一样。不过，他们仍然觉得，在许多情况下，大型组织跳过市场过程，并用等级制来替代市场会做得更好些。

请注意，我说的是"在许多情况下"。科斯充分意识到了许多其他情况的存在，而在那些情况中，大型组织工作得并不好。而且我认为，他会同意我把（上述）签合同的情况作为一例。由于竞争，特别是市场中买卖双方的竞争（正如在与许多承包商签合同的情况下一样，比如说，有许多拥有蒸汽挖掘机的人，他们在寻求特定型号蒸汽挖掘机的合同），讨价还价、签合同和交易的过程往往迅速在短时间内完成。市场本身将提供关于适当价格和适当质量的信息。

事实上，买卖双方都可以轻易地转与其他人签订协议。这意味着，整个市场对于每项好于正常情况的生意要进行的专门讲价都不大重视。请注意，我说的是"不大重视"。就是还有些重视，而且确实存在这样的事实：有些人试图得到比现行价格稍好一些的价格，他们就会把价格与替代条件连在一起来谈。然而，有许多人无偿利用他人对价格、所谈条件、讲价程度等所做的调查，免费搭车。

然而，交易成本在这里是重要的。假如法老使用我前面所说的市场方法来搬运他的石头（监工每次都雇人来搬运石头），当各个工作小组聚到一起时，就会出现大量误工的情况，而且这种误工的重要程度足以使这些工作小组本身发展成为半固定的制度，只有极少数的工人会从这个小组转换到另一个小组。

在建筑承包合同中，这同一件事得到了很大程度的发展。有许多独立承包商主要为费尔菲尔德公司工作，并且都归一个监理管理。然而，为了提前使用我们将在后面的第十章讨论的寻租概念，我们必须说明，费尔菲尔德是一家管理良好的公司，它会注意到所有这些承包安排都不是真正的固定合同。监理与被监管人员之间的关系过于密切，往往导致“家庭”安排。在家庭安排下，相对于两者关系至少总是保持着某种紧张的情况，成本会高一些，生产率会低一些。

我们可以造一张情况表，其中一个大型的比较固定的组织最适合要做的工作。一组案例包括含有某种技术原因的各种情况——无论是法老的石块规格，[①]还是福特汽车公司最先引进的大规模生产线——在每一阶段与每个单独的个人所做的个别价格洽谈，很可能都会形成大量成本。因此，最佳结构是一个大单位。

然而，即便是在这里，这些大单位是否必要也还是不清楚。或许某人会直截了当地提出，要为在石块搬运到一半距离时违约付一笔罚金，并明确开价。这类合同极少见，主要限于演员、歌唱家等人的范围。不过，大型组织的好处在这里却是明确的。

事实上，像通用汽车公司或埃克森石油公司这样非常庞大的组织，可以是这种高洽谈成本情况的例子，尽管这些公司看起来肯定不像是这么回事。或许有个中央控制会有些好处，但好处一点儿也不明显。

另一方面，可能有许多买方和卖方的分散团体，无论那些团体

① 有些石块的重量在 20 吨以上。

是经营餐饮膳食的，还是签约提供盖房子用的水泥板的。市场运作肯定可行而且高效。市场中买卖双方的竞争强度使订约成本低廉。因此，交易成本很低。显然，在这两种情况之间有不可分割的连续性。

奥利弗·威廉姆森引入了一种观点（还有些人听从他）：在某些情况下，大型组织相对来说可以不受某些类型欺骗和说谎的影响。我称之为“欺骗”和“说谎”，威廉姆森称之为“投机行为”和“受影响的信息”。[①] 大型等级制组织填补了一个空白，消灭了复杂合同安排的必要性，而这种合同安排在没有统一控制时会是可取的。

但是，这个大型组织提出了另一些相似的问题。尽管在威廉姆森的分析中仍有大量真理，而且有大批经验证据表明，他的理论是导致在经济中建立大型等级制组织的一个因素。

然而，我认为，这些理论都不能说明历史上存在我们称之为政府的大型等级制的根本原因。大多数政府一直是这样或那样的专制政府[②]，政府领导人通常都认为，政府的一个重要职能是使他们的意愿得以实现。事实上，正如我们以后会看到的，大型等级制在这方面的表现绝非完美无瑕，但它确实比市场工作得好。

在建立组织的时候，专制君主通常不知道他下一年会有什么

① 实际上，严格说来，“受影响的信息”与说谎并不是一回事，因为市场中一方人可能从不问另一方活动的具体细节。之所以不问，是因为他知道，他得不到实话，因此“说谎”并不是一个不好的词。“投机行为”也并不是严格意义上的“欺骗”，尽管两者非常接近，近得没有必要再创造一个新词。

② 见拙著《独裁统治》(*Autocracy*)(Boston：Kluwer，1988)。

愿望。因此,这个单纯服从命令的组织是有吸引力的。如若这位专制君主等到了下一年,然后才给人们发奖金让他们去做他想做的事,他就无力进行交涉,如果他希望人们对要做的事保密,情况就尤其是这样。因此,比方说,暗杀邻国君主的阴谋活动或许会由先前业已存在的情报组织便宜行事,但是若公布了杀手[①],暗杀也就无法进行了。

即使在没有必要保密的事例中,这个问题也会实际存在。专制君主心里毕竟装着许多事情,对每件事只能拿出一定量的时间进行处理。这不利于他管理自己的官僚体制,甚至更不利于他让市场去做市场以前不曾做过的事。因此,在公元前7000年耶利哥(Jericho)的统治者做出决定,围着这座城市建起结实的高墙时,如果他用市场的办法,他显然会陷入困境,或许会面对高昂的价格。但是,仅仅召集市民去工作——当时大概就是这么做的[②]——就简单多了。

因此,在执行专制君主的愿望时,看来让早期的大型国家等级制来做会比让市场来做要好。请注意,在这个事例中,我并非是在批评等级制。事实上,我一点儿都不怀疑,即便是像亚述(Assyrian)那样的压制性政府,也会有益于居住在其境内的普通人。(请

① 圣马力诺共和国(The Serene Republic)克服了这个困难。显然,在其整个历史中,十人委员会从未拒绝过由自由企业家提出的暗杀该国某个敌人的报价。然而,它也没有让很多的敌人真正遭到暗杀。

② 当然,这是发生在发明文字之前很久的事情。我们知道那座墙,只是因为它的有些部分仍然存在。也有可能那座城市是用民主方法治理的,但是如果是那样,他们肯定还得征用民工去修建高墙,而不是用市场的办法。

注意，我说的是“普通人”。而在亚述扩张其边界时，许多人会被折磨至死。）道路、国内的和平、防御侵略，还有反对随意横征暴敛的正规税收制度，全都是有益的。而且亚述人做的这些事与后来罗马人所做的完全一样。

我们的现代政府也有相似的情况。民主政府不要执行专制君主的意愿，而要执行许多人未能明确表达的意愿。然而，由于没有办法预言下年的日常工作事项，只知道工作量很大，这意味着难以利用市场来运作。

当然，从某种意义上说，所有的等级制都是市场组织。它们利用市场办法获得为等级制工作的个人。这当然只适用于社会中能为自己做主的人，要么就算是奴隶，也是归人所有而不是归国家所有的。但是这些人在政府中总是占了很大一部分，当其中也包括了政府的所有高官时就更是如此。法老使用征召来的劳动力建造他的金字塔，但建筑师却不是征用的。

大型私人组织可以作为进行比较的例子。写作关于公司组织这种题目的作者常常提到经理人员的“拿破仑情结（Napoleon complex）”。即便是目前的公司借债收购倾向，可能也意味着个别的经理人员对公司有更多的控制，尽管他们得管理一个较小的公司。因此，人们还是可以称之为“拿破仑情结”的另一种表现形式。然而，有非常强大的市场力量会约束这种动机。

这里还有另一种可能（将在后面做详细讨论），就是大型公司在向潜在投资者提供信息方面可以做得更有效率。实际上，我们通常对自己在其中投资的公司知之甚少，而证券交易委员会（SEC）又规定直接告知（ordinary advertising）为非法，大概进一步减少了这类信息的数量。[①] 然而,由于大公司的数量相对来说不太多,投资者可能更容易投资给一家可以预料到与任何其他大公司大致相当的公司。首先由亨利·曼(Henry Manne)发现的市场控制方法在这里是重要的。

然而,正如许多事例表明的,小型组织可以有效利用相对短暂的合约。本章的题目是"为什么有等级制组织?为什么没有呢?",而我不能说我已经给出了一个明确的答案。然而,令我感到相当宽慰的是,事实上罗纳德·科斯本人也未能明确回答这个问题。[②]

① 当然,证券交易委员会会说它增加了信息。但是据我所知,从来没有人读过那些小册子。实际上,法律要求所有的小册子都要在第一页用大字体印一个不真实的声明。这个声明,按规定要得到证券交易委员会的批准,却说小册子未经证券交易委员会批准。常常还有其他一些不真实的说法,因为这些小册子的作者觉得,如果他们对自己的希望和计划做了准确说明,证券交易委员会就认为他们说得太有利了。因此,他们就写上不真实的谦虚之词。极少数真正读了这些小册子的人了解这种情况,也接受这种情况,但是人们到底应该在多大程度上接受这种情况,却并不清楚。

② 请看本章前面提到的科斯的第三个讲稿《企业的性质:影响》(*The Nature of the Firm:Influence*)中的最后几页,第46—47页。我和科斯都希望最终能有一个明确的解释,但很可能的是,本书的读者中会有人成为第一个做出这种解释的人。

第三章　平行的问题

很久以前，还在我写《官僚体制的政治》一书时，我曾非常关注通过官僚等级制下达命令或上传信息时的失控问题。[①] 监管着三个员工的人真的不可能对某个问题或工作了解得和每个员工一样多，除非那个问题非常简单。他也不能确定每个员工对工作有多上心。如果他监管着三个人，而这三个人每人又监管着三个人，问题就复杂化了。

由于监管者在每一层都没有得到完善的控制，在某种程度上，处于下面一层的人就会做一些他们的直接监管者不想让他们做的事情，一些已经背离了处于最高位置的人愿望的事情。[②] 随着层级数目的增长，这种背离的程度也呈指数化增长。

如果我们假定——并非实际情况——这个人能让他的每层下级做 90％他想让他们做的事，只有 10％的事情按他们自己的喜好做，那么，如果这个官僚体制有 10 个层级，最低一层完成的事情中就将只有 35％是符合最高监管者愿望的。另一方面，如果这个 10

---

① Gordon Tullock, *The Politics of Bureaucracy* (Washington, D. C. : Public Affairs Press, 1965; reprint, Lanham, Md. : University Press of America, 1987).

② 背离低层监管人员意愿的事，偶尔也可能会意外地符合高层监管人员的意愿。

级的等级制中每层的每个人监管着下一层的三个人，在最末一层就有将近 60 000 人。如果这些人活动中的 35%是由最高层人士的意愿决定的，此人得到的符合他愿望的活动，就会比他只依赖自己的劳动做事时多 20 000 余倍。从这位顶层人士的立场来看，这样一个等级制的吸引力是显而易见的。而且，正如我们以后会表明的，他能够利用大量技术手段，以智取胜，在某种程度上克服上述背离程度的指数增长。

表 3-1　不同效率控制水平的表现情况

效率控制水平(%)	95	90	85	80	75	70	65
在第 10 层执行最高监管者愿望中人数*	35 335	20 589	11 625	6 340	3 325	1 668	795
在第 10 层执行最高监管者愿望的人员所占百分比	59.9	34.9	19.7	10.7	5.6	2.8	1.3

注：这个组织总共有 88 573 人，其中 59 049 人处于底层，实际从事着与外界有关的活动。其余的人是这样或那样的监管人员。此表无意对有多少次意外事件会导致下级人员背离一位低层监管者的意愿去做高层监管者想要他们做的事情做出估计。

* 偶尔碰巧，第 9 层监管者的命令出现了传达失误，却恰好抵消了高层中出现的类似失误。这样，低层中执行最高领导愿望的人数有可能会比表中显示的数字大。但是，同样可能的是，如果根本没有这个等级制，按最高领导意愿做事的人大约会有 40 000 人。

不过，雇用了 60 000 人，同时为了得到相当于 20 000 人[①]的理想产出，还得有近 30 000 人从事各种监管工作，这似乎并不是太好的业绩，因此可能会有人说，我们应该立刻把官僚体制削减到最低程度。而且，90%的服从度可能也过高。表 3-1 表现了许多不同效率控制水平的结果。然而，我在下面几页中要谈的主要内容是，证明其他形式的组织也有类似的控制难题。

我们将从一个小型官僚体制开始讨论。这个官僚体制从事一种允许劳动分工的活动，但却并未得到适当的标准化，也就是说，这个组织中的控制问题应该是最小的。我们假定有一个小任务，并用几种不同的组织结构来处理这个任务中的小问题。比如说，我们知道在图克森市郊外有一位地产主，他在自己的土地上建了一些房子。按照标准做法，在任何一个时间点上，这些房子处于不同的阶段：这所房子有工人在打地基，那所房子有另外一些工人在做结构，还有些其他情况。这有点儿像生产流水线，只是这里的产品——房子——是不移动的，而生产装备在动。

为了简化，我要假定这位地产主雇用了三位主管，每位主管又雇用了三个工头，每个工头监管三个工人，如图 3-1 所示。拿破仑认为，三是军事问题上的最佳组合，但是除了要简化的缘故，没有理由认为三对我们这里的问题也是最佳组合。

这个结构本身存在相当多的没有直接产出的劳动力。三位主管和九个工头从事监管活动而不是直接生产，地产主监管着他们。

① 更精确地说，在这个等级制中总共有 88 573 人，其中有 59 049 人处于最底层，从事与外界联系的工作。

因此,有 14 个人被免除了体力劳动,因为他们被认为做监管人员比做工人更有生产价值。这个组织有 41 个人,但只有 27 个人是实际干活的人。①

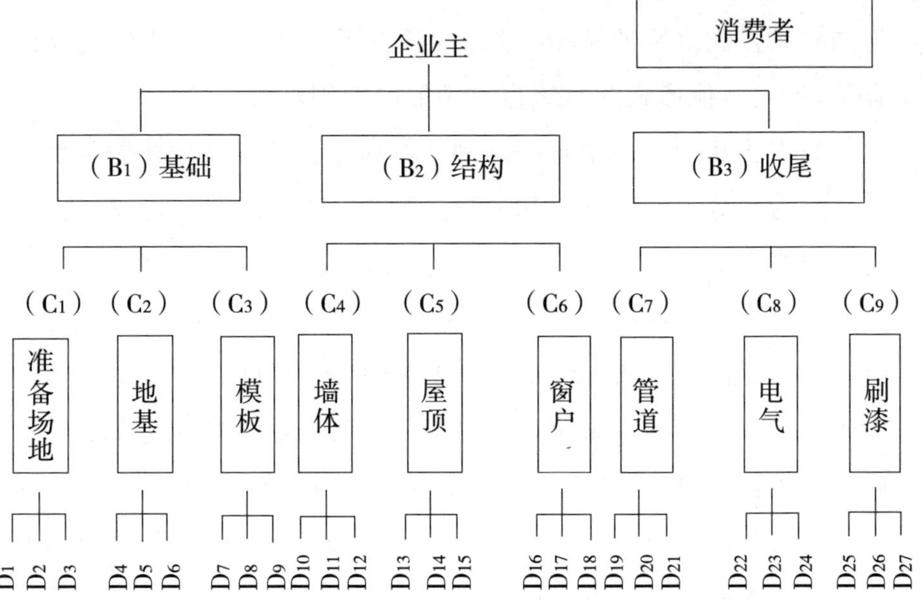

图 3-1　建筑业的结构

从表面上看,这个组织恐怕是无效率的——实际上只有大约 70%的劳动力在做着盖房子的事情,尽管监管人员是靠调配工作和确保那 70%的人是在不停地认真工作来谋生的。如果这些监管人员拿起工具去干活而不做监管的话,有效劳动的总量可能会大幅度下降。

① 我有点过于简化了这个问题。底层有三个工人的工头可能经常是只用其部分时间监管工人,还有部分时间进行直接生产。

我们该如何组织这个小型结构呢？是用市场、等级制，还是用这两者之间的某种妥协办法呢？我们来看看图 3－1。右上角有一位消费者不在图中，从实际意义上说，他是这些人的最终雇主。如果这个企业成功了，他就会来买房子；而如果没有消费者来买房子，整个企业就会倒闭。而且，消费者越是满意，企业向消费者的要价就可以越高，因此，整个事业也就会越繁荣兴盛。

在今天的大多数情况下，消费者从企业主那里购买已完工的房子*。我们就从这种体制开始，探究一下这位企业主可以调配其生产能力的不同方式。首先，他可以按图 3－1 表明的情况雇用这个完整的等级制。在建筑业里，这是很不寻常的做法，尽管你可能也得留心注意一下这种情况。建筑业的人常常说到的雇用什么人，实际上是指与他们打交道的独立承包商，哪怕这个独立承包商只有一个人。

我的油漆工，还有他那个独一无二的助手，很可能会对人说是我雇的他，而不是说我和他签了合同，尽管有份承包协议。而且在他干活的时候，我甚至没有看见过他。我知道他通常有个助手，是因为他在我家旁边的那栋房子干活时，我和他说过一会儿话，而他向我介绍了他的助手。①

第二种方式，这位企业主可以雇用 B_1、B_2、B_3 等人做主管，然后再雇 C_1—C_9，实际上做工头，让他们把承包的工作分包给劳动

---

* 指连内部装修都已做完，搬进家具即可入住的房子。——译者

① 我的这个油漆工是个墨西哥裔的美国公民，但是非常美国化。我猜测，他的助手是个非法移民，他的英语说得特差。

者个人。这不是常见的做法，但在理论上是可能的。从某方面说，建筑业的就业往往很像这种做法，因为，尽管我们请了个人——比如说，拥有推土机的人——在一两个助手的帮助下做场地准备工作，但他并不保证这些助手是固定工。如果他拿不到合同，他的助手通常也就被解雇了。

另一种做法是只雇用 B_1、B_2 和 B_3 三人，让他们与 C_1—C_9 订立合同，而 C_1—C_9 在他们的小组织内与其雇员有固定关系。这基本上就是费尔菲尔德公司的操作方式。没有哪个人负责哪栋房子。做各种活儿的专业人员一次就订下几栋房子的招标合同。

非常有意思的是，这些专业人员不一定都胜任工作。在我居住的那个小区，承费尔菲尔德公司的好意，大多数房子都在更换屋顶的瓦片，因为原来铺瓦片的承包商没有仔细注意当地的建筑法规。显然，是监管者忽略了这一点。

最后，但绝不是最少的情况，这位企业主可以为每种活儿订招标合同，也就是，把 B_1、B_2 和 B_3 的活儿承包出去，要么，实际上可以跳过这些人，而承包给 C_1，C_2 等。许多所谓的中型建筑项目都是用这种方式完成的。例如，你想要建个游泳池，你就得找个人，你接受了他的报价，他就同意为你建游泳池。但他会把大部分的活儿分包给各个企业主。有时候，他本人会承担部分工作。我们假设，这位企业主用他自己的设备来挖坑，但是把其他的活儿都分包出去。其他许多直接操作与分包混合的情况不仅是可能的，而且是常见的。

再有，在这同一个结构中，这位企业主或许会在 B 层订招标合同，而 B 们都会有自己的固定等级制。据我所知，这种做法在建筑业并不常见，但是许多服装，特别是帽子，是通过这种方式做出来的。

到此为止，我们还只讨论了一个可能的变量，因为我们曾假定，消费者从企业主那里购买制成品，而企业主来调配生产，即便他并不进行生产。没有什么真正的理由能说明为什么必须是这样。情况很可能是这样，例如，为了建地基，承包商 B_1 整备了土地，把土地连墙基和模板一起卖给 B_2；B_2 会搭建房屋结构，再把它卖给做收尾活的承包商；然后，收尾承包商再把房子卖给消费者。[①] 这种组织并不常见。例如，在图森市，许多商业用的建筑地块是由所有者在售出之前先做好建设准备的。真的，有家公司正在为我家房子附近的一块空地做广告，那就是连同墙基和模板一起销售的。

而且，同样的事情还可以在 C 层继续进行。换言之，一系列的销售可以把这块地产从这位专业人员转给另一位专业人员，而实际上是油漆工把它卖给最终消费者。然而，这种做法也不是很常见。

但是，在建筑业之外，卖给消费者的最终物品中有很大一部分实际上已经是从事销售的组织买下来的，而不是制造出来的。

伦纳德·里德写了一篇著名的小文《铅笔自述》[②]。他在其中

① 每个阶段的"生产"都由一个所有者完成，然后他把产品卖给做下个活动的人——我所知道的这种情况唯一纯粹的例子，是在澳洲北部，一些落后部落生产和运输石斧。见 Lauriston Sharp, "Steel Axes for Stone-Age Australians," *Human Organization* 2, no. 2(1952): 17—22。

② Leonard Read, *I, Pencil* (Irvington-on-Hudson, N. Y.: Foundation for Enonomic Education, 1958).

证明，铅笔是由许多产品构成的——专用木材、特殊的油漆、铅（它本身也是几种东西的合成物）、橡皮擦，还有把橡皮擦附着在木笔杆上的金属夹。因此，没人知道所有这些东西都是如何制造出来的。铅笔制造者买进这些各式各样的东西，却不注意它们是怎么做出来的，而制作每种材料的人对其他材料的生产也知之不多。

这种情况是正常的。任何具有“增值”特点的制作过程，距离百分之百的销售价格都还差得远呢。[①] 关于表 3－1，我曾指出，在从上到下贯穿一个大型等级制的过程中，控制往往会蒸发或消耗。在购买和销售中也会看到相似的现象。

首先，正像我曾指出的，等级制的一大部分实际上可能除了监管和协调外什么事也不干。同样，如果我们订立了一份购买或销售合同，其中规定，譬如说，C_1 整备土地后卖给 C_2，等等，许多人自己都参与到这项交易中：销售人员、买方代理人，等等。哪部分“非生产性”[②]人员的比例更大一些，并不明显。在现实世界中，我们看不到这里表现的那种直线生产（straight-line production），使工程项目从 C_1 一直移动到 C_9，但是大量中间物品是由“制造者”购进的，这仍然是事实。

不仅一系列的监管人员是产生消耗的来源，市场的各个阶段也是。第一个阶段极少是消费者真正想要的。我最近在图森市买了一栋费尔菲尔德公司大批量生产的那种房子。我对这房子挺满

---

① 我与艾奥瓦州的一家小公司有联系，它们的附加值约占批发价格的 20%。

② 实际上，马克思主义者确实认为这类人员是非生产性的。

意，但是倘若我能够控制建房过程的话，我会把它设计成不同的样子。我们常常没有注意到，我们日常生活中使用的物品，从我们的角度看，几乎没有什么是真正理想的。

有几个原因造成了这个问题。首先，正如奥利弗·威廉姆森强调的，如果在某种中间物品的买卖双方之间都存在着独家垄断的关系，那么，交易成本往往很高。而且，这种物品并不真正符合买方需要的概率也很高，因为卖方有省钱的强烈动机，然后又隐瞒了他这么做的事实。

有许多种途径可以克服这个问题。我是艾奥瓦州一家小公司的董事会成员。这家公司近来花了一大笔钱（从这家小公司的角度看是大钱）购买了一种专用机器，这部机器将专门用于为一家大公司生产一种特殊产品，那家大公司是我们的客户之一。我们将是这种特殊产品的独家生产者，也极少能有机会把这种产品卖给其他公司。为此，双方起草了一份详尽的合同，以保护各方不受威廉姆森所说“投机行为”的侵害。可投机问题是确实存在的。

然而，假设我们遇到了竞争，就像在建筑业的情况。你可以从许多家供应商中的一家购买木材，其他如水泥预制板（cement blocks）、箱式卡车（backloaders），等等，也是一样道理。而且，当地承包商参与建筑业所有阶段的工作，他们相互也在竞争。我们可以称为“威廉姆森问题”的那些情况，在住房建筑业相对来说不重要。威廉姆森已经意识到了这一事实。

另一个问题是，最终购买者几乎无法控制那些要安装在他/她房子里的东西，如游泳池，或是别的不论什么东西。竞争性市场在每个阶段生产的东西，不是卖给一个人的，而是要卖给许多人的。这显然有好处，因为大批量生产可以降低成本。此外，以大数量人群为目标能够强化该公司生产高质量产品的声誉。① 零售商店对于个别生产者的声誉也是重要的。因此，消费者在与费尔菲尔德公司或是零售店打交道时，会依赖大型最终销售商的声誉，而不是依赖各种中间产品生产商的声誉。

但是从最终购买者的观点看：(1)各阶段的产品都是标准化的；(2)产品不能完全符合其愿望。最终结果是，我们全都比假如每件东西都能设计得完全符合我们的要求且价格适中时富足多了。我不是在发牢骚，但是这种不能精确符合要求的情况确实非常像我们在表 3 - 1 中表现的控制的消耗。

因此，等级控制与市场传递看来似乎具有相似的缺点。首先，两者都需要许多非生产性人员。在等级制中，他们是监管人员、检查员等；而在市场中，他们是购销人员。其次，两者都有控制的损失。处于等级制顶层的人不能依赖底层的人去做严格符合他们意愿的事；在市场传递中，生产较后阶段的购买者总是不能知道，前面的各个阶段是不是按他们的愿望完成的。

在任何一个领域中，哪一类问题是最重要的呢？如果我们看看现实的经济领域，我们会看到不同形式的组织完全混合在一起。例如，IBM 公司在很长时间里都是从最小的零件开始生产计算机的所有部分，只是在最近才开始买进芯片。其他计算机公司几乎

① 在这个例子中，这种声誉通常不是与最终购买者有关的声誉，而是与各种中间产品购买者有关的声誉。费尔菲尔德公司最近停止使用一种我家房子装的滑动门，因为这种门要求使用 $2\frac{1}{4}$ 英寸的螺杆。即使是像费尔菲尔德这样的大公司，也很难搞到这样的螺杆。滑动门制造商与最终消费者没有直接的合同，这是个小缺点。

什么都靠买进，甚至把最后的产品总成都外包出去，做得也挺成功（他们开办时是小厂，现在还是小厂，但是他们的增长率给人深刻印象）。总之，这些不同方法的效率并没有太大差别。

任何经济学家都会熟悉图 3－2，因为大约 250 年前坎蒂隆（Cantillon）画过相似的东西。这张图表现的是一般情况。我们有一群既是生产者又是消费者的人，还有一些生产设备，我把它们列为“黑匣子”。黑匣子是工商业组织的集合体，包括政府和教会，因为我打算覆盖所有等级体系，而不只包括把人们的财产和劳动转变为消费品的各种市场。

在标准的经济图形中，有另一组反向箭头表示货币流。我把它们删去了，因为许多等级制中没有货币流。举个显而易见的例子，在俄国十月革命后，列宁把注意力转向了建设一个共产主义国家。他采取了他认为是有效的方式：取消市场，让大家都按中央的直接命令做事。

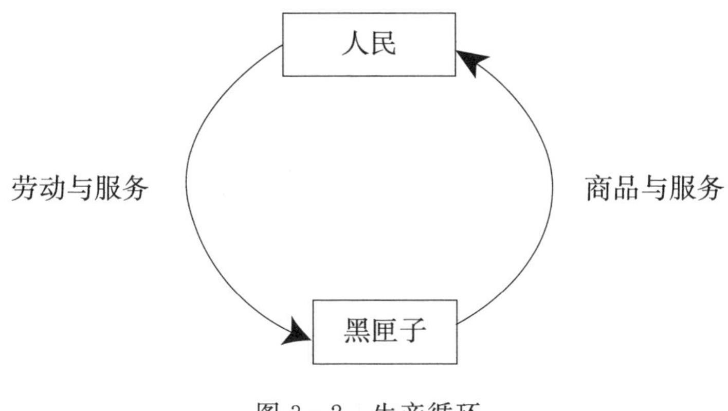

图 3－2　生产循环

这种做法是一场灾难。没过多久，列宁就宣布，是战争导致了失败。他称这段时期为战时共产主义，并转回到一种修正了的资本主义形式，称为“新经济政策（NEP）”。然而，共产主义国家中大量的生产活动是由直接命令造成的，而不是由货币流动造成的，这仍然是事实。在本书写作期间，戈尔巴乔夫正在尝试进行变革。

也不是只有共产主义国家才这样做。在第二次世界大战期间，我在美国军队中服役。军队虽然付给我一点儿钱，但这笔钱基本上与我在军中服役无关。我是应征入伍的。

这种做法的一个成功事例是，南北战争前美国南方高效的棉花种植园。奴隶是种植园的劳动力大军，但他们并没有因工作得到货币形式的工资。作为种植园经济的一部分，他们生产自己消费的大部分东西，同时也生产主要的出口商品——棉花。在棉花劳动力需求的淡季，他们为自己建房子，生产食品，在某种程度上，也自己做衣服。

实际上，几乎每个经济体都有一定数量的生产是由没有工资的生产者完成的。各国政府正式规定人民从事额外工作以支付各种税金。杜卡基斯竭力主张，不要建立政府的健康保险计划，应该由私营雇主提供这种保险。实际上，大多数政府活动都有这种特点。假定我们不把雇员当作仅有的消费群体，那么，政府活动的最终消费者得到了免费服务，然后就被征税。

无论什么样的努力，都没有用于使个人支付的税金转变为他或她从政府得到的平等的服务和商品。其实，经济领域中的大多数现代撰稿人都会把这类平等看作是十足的坏事。收入再分配被看作是政府最重要的职责之一，当然也是其主要行为之一。

坎蒂隆图形中的黑匣子是我们通常不去研究的事情。实际上，它是个装有许多小黑匣子的匣子。各种组织拿走了一些资源，对这些资源做了些加工，然后把它们或卖给最终消费者，或更常见地，卖给黑匣子里的另一个组织，去做进一步的加工，依此类推。最终，消费者得到了产品。

请注意，这个图形是极为一般性的。假设人民中的一个是与巴黎市议会（Parliament of Paris）发生了著名冲突之后的路易十四。他得到的许多消费不过是他的军队在德国某地的活动报告。不过，我们都同意，他算得上既是资源的一位提供者（因为在他与议会的著名会见之后，他实际上已经拥有了法国的一切），又是一位消费者。而且，他以凡尔赛宫为形式的直接消费，按他分配的总预算来说，不过是小菜一碟。

然而，仅从经济活动来说，等级制从事的活动常常彼此没什么关系。这种情况的一个例子是大型零售连锁店，不论它是直接经营的还是特许授权经营的。这些连锁店除了监管它们的商店外，还做其他工作。它们可能提供罐装食品，拥有仓库，但从根本上说，它们是许多家商店的一个大集合体，在它们之上有一个等级制。在大多数情况下，各个商店并不为其他商店提供服务。

许多公司的多种经营是这样的：尽管它们从事的都是加工制造，但它们是在完全不同的地方制造完全不同的东西。我本人就稍微介入了一个这种小型企业集团，它有四项业务。其中三项业务拥有相同的标准行业分类码（SIC），另一项业务则处于标准行业分类码规定的另一行业中，有意思的是，该项业务的总营业额最大。这种安排没有什么特别不寻常的地方。

大型企业集团常常出现在新闻中，因为它们要么有可能被接管者创立，要么有可能因其部分单位被卖掉而解体，不论是通过借债收购，还是直接收购。在许多情况下，除了管理层，不同企业之间大体上没有联系。如果有人愿意把我们唯一的电脑当作是管理层的一部分，那么我的小公司也是这种情况。

对于这种联合，除了单纯的历史偶然性之外，还有两种解释。[①] 第一种解释是，管理层可能是一群有本事的人，如果他们只管理大型组织中的一个部门，他们的才能就会被浪费掉。而在更高的管理层中，甚至可能存在规模经济。因此，譬如说，如果你的公司是生产汽车的，但规模不够大，达不到规模经济，你就会像福特汽车公司那样去做，买进一家电子公司，并打入卫星通讯领域。

第二种解释是，这种联合是资本市场的一种改善。这家企业集团的管理层是作为放款人和购买股票的人之间的中介在行事，按照它认为有效率的方法，把资金在集团的各个部门中进行分配。这种说法肯定是有道理的，但是弄懂其细节非常困难。

银行和其他放贷者对于他们贷给了资金的人大概都相当了解，而股东们则不然。购买 500 家企业集团之中某一家的股票，并不一定就比购买一家投资信托公司的股票更简单或更理性，这个投资信托公司会转而购买，譬如说，10 家小公司的股票。然而，前者是高效的，并能得到真正信息披露的好处。在这种情况下，正如本章中谈到的许多其他情况一样，所能得出的重要结论就是，我们弄不明白存在不同等级制结构的原因。

---

① 我认为，在我的这个小公司，和在许多其他情况中一样，这只是一种历史的偶然。

另一个问题是，谁该控制等级制。例如，大型经济组织可以由工人、股东来管理，也可能由一个常设不废的董事会来管理。已经有大量名著在解决这个问题。[①] 亨利·汉斯曼对全部文献进行了并非建设性的全面考察。[②] 他证明，应该由股东控制的基本论点充满漏洞。我也要指出，他提出的替代论点（只在他的文章中含糊地大概说了一下）看起来也充满漏洞。

大型公众持股的美国公司并不是世界上特别典型的公司，它们的实际结构受到纽约股票交易所许多年前制订的一些规则的严重影响。不过，如果我们只研究美国企业，我们就会首先注意到一组大的成功组织的存在——互助保险公司，它们实际上都有一个常设不废的董事会。

在名义上，这些公司由股东拥有；但在实际上，管理层是个内部集团(in-group)，它来选择自己的继任者。由于许多这类公司都比标准的公司存在得更长久，也更成功，这成了阿尔奇安和德姆塞兹，以及詹森和梅克林关注的一个问题。

我们现在转向政府等级制。不同社会将其全部资源中的不同数量分配给政府控制，作为私人控制的对立面。不同社会也把自己控制的不同份额的资源分配给宗教等级体系、非营利组织和家庭。本书以后不大会再讨论后者了，不是因为我认为它们不重要，

① Armen Alchian and Harold Demsetz, "Production, Information Costs, and Economic Organization," *American Economic Review* 62(1972), 777; and Michael Jensen and William Meckling, "Theory of the Firm: Managerial Behavior, Agency Costs, and Ownership Structure," *Journal of Financial Economics* 3(1976), 305.

② "The Ownership of the Firm," *Journal of Law, Economics and Organization* 4, no. 2(1988): 267—303.

而是因为我不大了解它们的情况。

正如以前谈到的，在任何国家，从传统上说，政府都是最大的等级制组织，它的首脑是一个人。换言之，独裁政体或世袭的君主政体一直是世界上政府的常见形式。我们要从这些政体开始讨论，然后转向封建制和民选制，这些体制在历史上比较少见。

独裁政体和君主政体的情况并不完全相同。一个总想对它的臣民进行全面控制的政府，是罕见的。正常的独裁者或君主只对臣民们的部分生活感兴趣，那是有助于维护他的安全或增加他的收入的部分。

统治者拥有军队，目的是防止本地的或外国的竞争者把他们赶下台。他们也拥有警察制度，用来帮助收税和防止偷盗那类事情的发生。失窃这类事情会降低臣民们总体的纳税能力。

通常情况下，也是从很早的时候起，政府就修建道路，因为政府的各个机构都需要利用道路。信息系统(message system)也是政府建立的，后来逐渐演化为现代的美国邮政局，尽管老中华帝国显然是广泛依赖私人来传递中央政府信息的。

此外，政府与某种宗教之间通常有很深的联系。这种联系主要是因为统治者信奉这种宗教才形成的，还是一种单纯构成政府控制的方式，并不清楚。在近现代，许多独裁者并不笃信宗教，在某些情况下，还曾在没有建立自己的另一种宗教时就试图废除现存宗教。

尽管前述内容是历史上建立大多数大政府的依据，但还有其他事情得以完成：辉煌的宫殿，妻妾成群，等等。大多数统治者都有利他之心，所以他们也做出一些努力来帮助穷人，改善经济和其他这类行为。他们在这些事情上是否能取得成功,不大取决于他们的良好愿望,倒是要取决于他们对能够起作用的机制的认知。

这种政府有两种组织类型:一类是贯穿全国的大型职能部门;另一类是地理分区(subdivision),每个分区都执行政府的职能。

希罗多德*的读者们一定还记得他对波斯军队的描述:波斯帝国的军队实质上由每个省派送的一支部队组成,各部队与来自其他省份的部队都极为不同,主要依靠权力的地理分布进行治理。皇帝任命总督,但并不强调整齐划一。只举一例,犹太人从这一政策受益良多。[①]

不按地理划分而按职能划分的治理方法比较少见。统治者保有一支军队,但在各地驻军;公安部在全国各地设立警察局;工程部门在各地筑路,等等。大部分政府对于某些专职部门通常按地理设置。美国的中央政府不是独裁政府,但像许多其他的联邦地区政府一样,也是按职能而不是按地理划分的。当然,这一点也由如下事实得到了补充——各州都构成了一个地理部门,而这些部门并不是联邦政府的一部分。

地理分区占据主导地位的原因,很可能是这样更易于由独裁者或国王的中央政府进行控制。对各位总督进行比较并确定谁的工作做得最好,要比对不同职能部门的负责人进行比较容易一些。不同职能部门的负责人全都有完全不同的任务。而且,我们先前

---

* Herodotus,公元前 484? —前 430/420 年,古希腊历史学家,有"历史之父"之称,所著《历史》一书(又称《希腊波斯战争史》),是西方第一部历史著作。——译者

① 当然,犹太人对这位皇帝的恩惠是相当感激的。圣经的《旧约》实际上一度曾包含原来波斯的帝国法令。

讨论过的那种控制的消耗也出现在这里。

有趣的是，在东方的专制国家中——这种国家毕竟在大部分历史时期控制了大多数人的生活——等级制的管理却不是一竿子插到底的。实际上，村庄和城市的一些区县，多多少少是通过选举方式进行自治的。魏复光①认为，这是因为行政管理的边际收益是递减的，也就是说，行政管理部门变大后，忘掉底层就是明智的。这些东方专制国家都非常庞大，而且，表 3－1 背后的推论特别适合它们，尽管这一点很难证明。

我在前面曾提到伊斯兰教国家的独特环境，那里的法律并不由政府控制。应该指出的是，这些处于已有东方专制国家先例的地区的伊斯兰教国家，通常不允许村庄实行地方自治。

另一个有趣的例子来自人们迄今所知世界上最大的帝国之一——老西班牙帝国。地方市政当局都是自治的，但是从事自治活动的人，尽管也是当地居民，却是由国王，或更常见地，由国王的总督任命的。这种做法可以在不失去中央控制的情况下实现真正的放权。

我们再次看到了一个系列的不同组织结构，而且这个系列不大会随时间而变动。近两百年来，高效通讯方法的发展非常有特色，因此，向职能控制方法而不是向地理控制方法的变动已经成为占主导的变化。在权力的职能划分和地理划分混杂交织的地方，职能划分现在也肯定比过去占据了更多的主导地位。在理论上，古老的中华帝国是完全大一统的组织，每个人都处于皇帝的直接

① *Oriental Despotism*（New Haven：Yale University Press，1954）.

控制之下，[①]但是在实践中，村庄大多是自治的。

从历史上看，另一种少见的政府形式是封建制。许多有欧洲背景的人都认为，封建制是社会发展中的一个标准阶段。这种看法简直从西欧扩展到世界了。实际上，只有两个绝对清晰的封建制例子：西欧和足利(Ashikaga)时期的日本。希腊在我们所说的迈锡尼时期(Mycenaean)，还有印度从大约 1500 年到英属印度次大陆(British raj)的终结这段时期中的拉杰普特(Rajputs)部族，也可以看作是另外的一些例子。

实际上，我们经常所说的封建社会，大都是中央集权的君主制。在某些情况下，中央集权的君主制垮台了，一旦这种事情发生，不再效忠于中央的各个部分才可以被称为真正的封建制，它们在自己的领地内也不依赖封建的部下。

封建制使一国的大部分地域都由拥有世袭治国权利的人来治理。这种世袭结构与等级制相仿。在欧洲，皇帝、公爵、子爵和伯爵(count)这些称号都曾是旧时罗马军队中的军阶。因此，英格兰王之下有一定数量的公爵，而每位公爵之下有大量的子爵，伯爵之下则是一些庄园的统治者，等等。[②]

这些人能够遵循上方命令的程度总是有点儿可疑。其实，对国王多久才能召集军队是有法律规定的。它是一种杂乱无章的制

---

① 有个这种情况的例子：如果皇帝在某个县的代表——县官——去拜访某人的家，按照礼仪，这位县官就是主人，因为那房子以及所有的一切，实际上都是属于皇帝的。

② 伯爵(earl)是讲英语的国家中的称号；侯爵(marquess)是德国侯爵(margrave)的讹误。

度,也是一种非常制度,恐怕只能用没有正式的结构使之成了无能的治理形式这一事实来解释。因此,我们只在这里简要地讨论它。

《一位大名鼎鼎的骑士》(*A Knight of Great Renown*)[①]是中世纪欧洲骑士的一部传记,这位骑士在有文字记载的史料中经常被提到。这本书给人印象最深的特点是此人异常丰富多样的生活。他曾是洛桑世袭的统治者,那时洛桑是萨瓦的一部分,他生在洛桑也死在洛桑。然而,他一生中的大部分时间用在了为着英王的利益周游欧洲上,并且在履行这些职责的过程中,他还成了海峡群岛的统治者。

等级制的另一种形式是某种民选制在最高层起主导作用的等级制。我说"某种民选制"是因为那种理论上所有成年人都能投票的制度只是在最近才发展起来的。不过,自古代的苏美尔以来,我们已经有过一些高官由投票选出的情形,相当大量的民众得到许可进行投票。这种体制就像封建制,是比较少见的,但没有封建制那么少见。这大概表明,尽管对这种体制有着普遍诉求,但它还不太稳定。然而,有时候它可以持续很长时期。[②] 例如罗马共和国,从塔昆(Tarquins)被夺去王位到恺撒掌权,持续了差不多五百年。雅典似乎持续的时间还要更长,尽管在它的历史上至少有一半时间只是罗马帝国的一个行政管理分部。大概持续时间最长的这类组织是威尼斯,从它初次被发现到它被拿破仑征服,几乎延续了一千年(在大陆,不是在它现在的位置)。

---

① Esther Rowland Clifford(Chicago:University of Chicago Press,1961).

② 当然,封建制也是如此。

我们感兴趣的不是政府本身的形式，而是政府的等级制结构。在民主国家的情况下，是要一个中央政府，还是要一个高度分权的政府，这个问题变得比在独裁政权的情况下更难以回答。像美国或瑞士那样的联邦制是完全可行的，联邦制中的某个选民既是选民，又是至少三级政府的子民。在这种情况下，那个小黑匣子，就是在图 3－2 中的政府，其自身内部又有一系列黑匣子，每个这种黑匣子都被称为一个政府或是一组政府。

拿戴高乐之前的法国那样一个中央集权的民主国家同 19 世纪一个瑞士那样分权的民主国家两相对照，我们就会看到等级制高层结构中的主要区别。中央集权的民主国家有个大型等级制；分权民主国家的中央政府有个中等规模的等级制，然后地方政府还有一套小型等级体系。在美国的许多发展阶段中，有些州的雇员大概曾多于联邦政府雇员，不包括政府的军队。即使算上政府的军队，那可能也仍然是事实，因为各州还有国民军。

因此，我们不能只从政府的职责范围有多大来考虑是否一个民主国家，而必须看这个国家有一个政府还是多个政府。再说一遍，我已经在其他出版物中对这些问题进行了详细论述，但在这里，我只是简要地一带而过。

本章提出的问题肯定比回答的问题多。在下一章中，我将开始试着解决这些问题。

第四章　在野兽的肚子里

我在前三章中已经提出了许多问题，现在要试着来解决这些问题了。我并不认为自己能完全解决这些问题，但是别人也还没有解决。我的对策或许会给读者留下不一般的印象。我不是从外部来看整个等级制，而是要从内部来看。我们将要考察处于大型等级制内部的某个人的情形。

这种对策必须建立在一个信念上，即从内部看，大多数大型等级制都是同样的。也就是说，通用汽车公司营销部里的一个低级官员，与驻波哥大使馆的副领事[①]实际上面对着相似的情形。如果他们想得到晋升，他们都必须讨好上级。这涉及一种组合，得把完成上级想做的事与纯粹玩权术结合起来。

我早先曾提到，威廉·尼斯坎南曾在美国国防部工作过一段时间，后来转入学术界，不久后又进入一家公司，做了福特汽车公司经济研究部主任。他对我说过："一个政府官员调入福特汽车公司，那可是驾轻就熟，可以立即开始工作。"换言之，两者的结构在

① 由于这是在一个使馆中，驻波哥大使馆的副领事，也肯定会是一个二等秘书或三等秘书。但是我发现，大多数人都误解了这些头衔。在我与之交谈过的许多人看来，一个三等秘书是个甚至连打字也不会的人，而二等秘书是能打字但是不懂速记的人。

很大程度上是一样的。

我还可以添上我个人在这方面的经验，因为我曾在美国国务院工作过一段时间；后来进入私营企业，在一家法律事务所里做下属，工作过不长时间；从那时以来，我担任一个小公司的董事会成员，一直处于顶层。再引尼斯坎南的话说："从社会学的角度上说，它们都是一样的。"

尼斯坎南的迅速适应符合人类的一般经验。人们在政府与私营企业间跳来跳去，在美国、英国和日本都是习以为常的事。一种极端的情况是，将军们或是海军上将当上了公司的负责人。但他们常常也干得不错。

根据历史判断，罗马共和国的军队曾是世界上人们见过的最好的军队。这支军队由成功的政治家指挥。他们的执政官大致相当于我们的总统，而且罗马派出的最大的军队曾被称为执政官的军队，就因为他们由执政官直接指挥。

然而，私营企业中的活动与政府中的活动相比，一个重要的区别在于，私营企业的目标规定明确而且可以测度。我在我的原创著作《官僚体制的政治》一书中已经指出了这一点。在那本书的基础上，安东尼·唐斯提出了一个合乎情理的专用术语。[①]他建议我们用"官僚体制"这个词表示其产出不在市场中进行评估的组织。"官僚"一词则用于其产出不在市场中进行评估的任何个人。

这一对词组的定义意味着，它们可能是指非官僚组织中的官

① 这出自我听过的他的一次演讲。他可能已有书出版，但我不知道是在哪里出的。

员/僚（例如通用汽车公司总顾问室中的某个人），或者是一个官僚组织中的非官员/僚（例如一座大型政府办公楼的维修工）。①

根本的问题是，私营企业一般都有一个相当简单明了的目标：赚钱。而且，会计制度提供了一种相当得体的方式来测算大型企业的各个部门对这个大型企业利润的影响。像总顾问室这类机构，在很大程度上躲过了这种测算，因为，尽管成本好估算，但得到的好处却很难给出一个价格。

然而，政府机构通常没有这样一个简单明了的目标。而且，无论目标是什么，它都难以测算。看看美国驻墨西哥城的大使馆吧。它收到的正式指示都是：(1)不明确的；(2)部分之间相互矛盾的；(3)常常不能得到执行的。②

这并不是对这个使馆的批评。正式指示只是美国国务院想要其驻墨西哥城使馆做的所有事情的一小部分，不论那都是些什么事情。问题并不在于使馆不落实这些指示，而在于它的任务太大也太模糊，以致要给出可理解的指示或是理解忽然降临的这些指示，几乎就是不可能的事。而且，要说出使馆执行这些指示的情况有多好，几乎也是不可能的事。政府的会计人员要是试试看，他们有可能确定该使馆的成本。实际上，联邦政府使用的会计制度就是这样的，任何东西的实际成本都是隐瞒不报的。首先，资本账户

---

① 有时候这里也有官僚体制渗入。

② 我离开外事局时，一般的规章制度是一套活页卷宗，如果我记得不错的话，它们在一个架子上摞了有大约25英寸高。一套存放在使馆的行政管理部门，但是，不论是我还是使馆中任何级别的任何其他人，都从来没有读过它们。它们的主要功能是要确认报送回华盛顿的会计报表是符合要求的。

是用一种相当奇特的方法来处理的，其中的基本费用总是谎报；其次，没有真正努力按职能分配目前的开支。其实，要确定与驻在国官员联系的使馆官员的确切职能，通常也是非常困难的。

因此，在大公司工作与在大型政府办事机构中工作之间是有差别的。这种差别导致工商业机构中的效率更高，这种效率不是源于组织形式，而是源于目标的单纯。定期派给业务人员任务，让他们用“商业方法”改善政府效率，意味着完全误解了这个问题。美国驻墨西哥城的使馆并不打算靠收取签证费等费用扭亏为盈。① 在许多情况下，我们要让政府做事的原因之一，是我们并不想让某些活动按利润最大化的方式来操办。

一个有趣的事实是，如果政府想做的话，他们就能够成功地用谋利的方式来经营企业。他们赋予自己一种垄断地位会使谋利来得更容易。德意志帝国的铁路系统，在 1914 年前曾是德意志帝国的主要收入来源之一；中华帝国的邮政部门，也曾是一个重要收入来源；而多得数不清的由市级政府拥有的森林，为欧洲许多城市或地方的各类政府提供了收入。这些全都是例子。我个人能提供的一个例子是穿行于康斯坦茨湖的摆渡系统——一个令人厌恶的赚钱行当。其实，反对建桥的论据之一就是，过桥费永远都不可能带来和摆渡费一样多的钱。

因此，在政府能够进行成本—收益分析的地方，利润就是重要的。这就像是中华帝国邮政部门的一位雇员在，比如说，1890 年

① 在当前情况下，任何一个得到允许出售签证的人都会发现，这是个非常有利可图的行当。

时，享有与同期在中国开办的怡和集团的一位雇员非常相似的一套激励措施，也有着相似的动机一样。那时的中国海关也是在差不多的情况下运行的。从历史上看，税款包收制，就是把税额外包给私营工商业者去收取，显然非常成功。罗马就用这种办法来收税。

但是，除了目标简单和有测定成功的方法这些好处之外，公司官员还必须不断关注对他们行为的考核。换言之，他们也必须讨好他们的上级。譬如说，对于通用汽车公司的一位低级官员来说，讨好上级的能力主要在于他按上级要求直接做的事情，而不在于，比如说，他为驻墨西哥城使馆一位副领事做的事。原因是，通用汽车公司的上级想让其下级官员做的事，在概念上比较简单，在测定时比较容易。但是，如果说这些考虑意味着，私人营利组织在贯彻执行这些组织拥有者的目标时，要比政府在贯彻执行其领导人的相当含糊的目标时更有效率，这种说法可不能用来解释我们在上面提到的各种组织。在政府和私营企业中都存在单位规模以及不同组织之间的协议类型大不相同的情况。

在这两种情况下，要想出人头地，就得靠玩弄权术了，尽管在像美国国务院那样的政府机构中更看重这一点。我自己在美国国务院不太成功，[1]但是提拔得最快的人是特别会与上级来事的人。他们中的许多人对于我们所说的国务院的实质性事务相当不感兴趣。

我还记得一个人，他大约与我同时进入美国国务院，但提升得

---

① 不是因为我对玩权术有什么异议，只因为我不太善于做这种事。

比我快多了。在我打算辞职的时候，他刚好被任命为一个使馆（一个小使馆）的公使衔参赞（counselor-minister）。他不断强调改进其桥牌技艺的必要性，因为他已经听说，那个使馆的大使爱打桥牌。我曾努力让他谈谈他要去的驻在国的政治形势（很有意思的情况），结果是大失所望。他根本就毫无兴趣。

尽管此人是在美国国务院的环境中迅速升职的那些人中的一个典型，但如果换到通用汽车公司，他的日子就会不好过了。使事情发生变化的原因不是他所担心的，如果他调到了一个新部门，那里的科室领导是个桥牌迷，他精通桥牌技术的努力就会无用武之地，而是这位桥牌爱好者过去无须面对其部门的效率考核这一事实。在通用汽车公司也一样，如果你的上级对桥牌感兴趣，打一手好牌就是个好主意——当然，只是时不时打败他是不够的。如果你不能营利，你无论如何也得离职走人。而美国国务院是没有利润要求的。

这种特殊兴趣也存在于许多市场情况中。假如你是定期光顾一家豪华餐厅的消费者，用不了多长时间你就会发现，服务生领班能叫出你的名字，引你坐到他知道你喜欢的餐桌旁，向你推荐会让你喜欢的酒类和菜品。这位服务生甚至能在你还没有点酒菜时，就给你拿来你喜欢的鸡尾酒。这同我的同事玩桥牌简直如出一辙。

那么，在这种市场情况与政府的情况之间有什么不同呢？不同就在于，在市场中，中断了联系无所谓。例如，我要是不想做皮马县的“消费者”，可不大容易；不做亚利桑那州的“消费者”更难一些；而要不做美国的“消费者”就太难了。不去史密斯超市购物，或是把我现在的奥尔兹(Oldsmobile)牌小轿车换成另一家制造商生产的小轿车,做这类决定就要容易得多了。那家豪华餐厅的服务生意识到,实际上,我可以突然做出改变,把小费付给别人,从而减少他的收入;[①]而皮马县的副县治安官们则知道,我不可能轻易改变,转向一个竞争供应商。[②]

因此,在本质上,一位公民与一位消费者的关系,以及这位公民与他等级制中上级的关系,这两种关系之间的区别就是,消费者可以转向另一家供应商。等级制中的上级或许能够解除等级关系,或是对个别人员进行惩罚,但是一般来说,这样的一个决定是比较重大的,必须三思而行。

我决定不去史密斯超市购物,对这家超市的管理层几乎没有什么影响,但是如果有大量的人都做出了同样的决定,史密斯超市就会倒闭。在一个民主国家里,据说选民可以做同样的事,但还是有一个微妙的差别。我不投某党的票,实际上对这个党的未来没有影响。我的选票几乎不会成为决定性的。然而,对于史密斯超市,我决定改去别的商店购物确实会影响它们,尽管影响不大。对于它们,每个消费者都是重要的;而在民主国家的政治中,需要的是大多数。

这只是我对这两类组织的定义,尽管它也符合大多数人对这种差异的认识。我在谈到搬运金字塔的石头时,强调了相对固定

① 在有分工的地方,就像通常在豪华餐厅里那样,有些为你服务的人除了你付的小费,不会得到任何直接报酬。

② 实际上,在我与他们的接触中,他们从来都很客气。

的安排与暂时性安排之间的区别。那也是费尔菲尔德公司与其各种小承包商的关系为一方,和以通用汽车公司及其雇员的关系为另一方的两者之间的区别。在这个领域中,政府给人的印象深刻,因为其中有一种往往是固定的关系,在我们称之为“公民权”的关系中,尤其如此。

我们现在转来看看我们那个待在野兽肚子里的人,也就是那个中层的官僚。通用汽车公司一位中层管理人员与该公司的关系,和该公司与其请进来的一位专家顾问的关系大概是不一样的,尽管他们的收入可能差不多。区别就在于安排的固定性以及由此隐含的各种东西。

我们来从托尔斯泰伯爵的立场看看这种情形。

> 鲍里斯走进这间屋子时,安德雷王子正在听一位老将军讲话。这位老将军身上挂着各种勋章,正向安德雷王子报告什么事,他酱紫色的脸上露出一副军人式的卑屈表情。“好啦。请等一下。”王子对那位将军说,说的是带法语口音的俄语,那是他以轻蔑的口吻讲话时才用的。就在他注意到鲍里斯的那一刻,他制止了将军。将军乞求地小跑着跟在他身后,求他继续听下去,而安德雷王子已转向鲍里斯,快活地微笑着,还点了点头。
>
> 鲍里斯现在清楚地懂得——那是他早已猜到的——与“陆军规程”中规定的纪律和隶属制度并存的,还有一种不同的和更为真实的制度。这种制度迫使一位紧衣束带面色酱紫的将军毕恭毕敬地等着,而一个像安德雷王子那样只不过是

上尉的人却和一个像鲍里斯那样只不过是个少尉的人聊上了天。鲍里斯立刻决定，他不应该遵守正式的制度，而应该遵守这个哪怕并不成文的制度。

——《战争与和平》，第三卷，第九章

我认为，任何与官僚体制有过稍微接触的人都会意识到，托尔斯泰是位卓越的观察家。如果我们想用图形来表示这整个结构，我们恐怕得用一个多维多层的图形，在这个多层图形上有许多分布在各个层面上的点，而且各点之间还要相互有距离。我们还需要使用非欧几何学。为了能够形成关系，我们还得用许多种线条来表示不同类型的联系。而且，托尔斯泰显然是对的。有许多人的重要性比他们的官阶表明的重要性大。

我在美国驻韩国使馆工作时，曾接触过许多军队里的人。例如，我认识一位上尉，他偶尔与第八军的总指挥官(commanding general)共进晚餐。这件事使中将大为恼怒，因为据说那位上尉是在工作。但是，中将对此毫无办法。[①]

官僚体制中的个人面对着许许多多其他的人，其中的有些人显然比较重要，而且可以影响到他的仕途；另一些人显然无关紧要；还有非常多的人在这两类中哪类都算不上。假如这个人想得

---

① 实际上，他确实做出了姿态，要把上尉从其正常职位上赶走。其借口是，上尉花了太多时间去看望其未婚妻，当时其未婚妻也在韩国，就在使馆工作。当然，此事并没有影响他与这位总指挥官吃饭的次数。这位中将干了件傻事，而这也有点让人惊讶，因为，我虽然遇见过许多愚蠢的少将，而且中将也并不一定就是优秀的战略家，但他们通常都非常聪明。

到提拔，他要么必须讨好他的上级，要么必须投靠上级中的某些人，这样，即使他得罪了其他人也没什么关系。最大的等级体系具有一种准封建式的结构，其中的高官都有许多听命于他们而不是听命于那个组织的追随者。

一种特殊情况是“怪才（ugly genius）”。这种人有才气，但是由于个性强，单凭自己不可能真正得到提拔。一个精明而圆滑的操纵者会把这种人当作财富，因为他在生活中的实际作用只是追随他人。这种才子会拿出聪明主意，用不着耍滑头去欺骗上级。我在美国国务院就认识几对这样的才子和操纵者。如果圆滑的操纵者被调到另一个部门，不出一个月，“怪才”也会换到同一个地方。

在一个组织的顶层与底层之间还有一类关系：情报关系。高层官员不只依赖正式情报渠道，还可能利用低层官员获得另外的情报。在《我选择自由》一书中，克拉夫钦科所讲述的他职业生涯早期的情况，就是这类低层官员的一个例子。有位高层共产党员认为，他们应该每六七个月在晚上聚会一次。克拉夫钦科揭发这种关系时，是以敬畏和享有巨大特权感的口吻表达的，而我推测也确实如此。但是，我敢肯定，尽管那位高官在与一个那么明显崇拜他的人来往时感到很惬意，但从根本上说，他是在低层寻找另外的情报。

那么，回到托尔斯泰对大型官僚体制运作方式的看法，我们必须来想一想这位中层官僚本身，而不是他周围的组织了。尽管随着时间发展，这个人可能会对他的组织产生相当多的情感牵挂，但是与他所在的福特汽车公司或是中央情报局相比，他还是更在乎他自己和他的家人。这可能被一个事实所掩盖:他把醒着的大部分时间都用于为福特汽车公司或中央情报局工作,而不是与家人相处;但那是因为,他只有在那里工作才能养家糊口。为公司工作主要是手段,他自己和家人的消费才是目的。

没有人认为,整日拼命干活好给自家餐桌带去食品的挖沟工人,会专心致志地挖沟。是的,借助于时间,他大概至少会对挖好沟对社会的重要意义和挖沟方法的正确与错误,形成某些合理的认识。但是,他是为他的家人在挖沟,不是为挖沟而挖沟。对于中央情报局、福特汽车公司等组织的官员们,同样也是这么一回事。

考虑到美国政府中高层官员所负的责任,他们的报酬太低。这些官员中有一定数量的人应该被看作是为了满足公共目标而做出了牺牲。这个目标不一定是美国政府或者美国民众想要的,而更可能是某个人特有的。有迹象表明,这些高官往往不打算长期留任。这个事实说明,做出牺牲的动机并不是压倒一切的。

来看一个实际情况——比如说,杜邦公司负责猎枪火药科室(sporting powder division)工作的经理。销售部主任肯定是他交往范围中的一个重要人物,而重要程度稍差一点的是主任助理,尽管他与主任没有直接联系。猎枪火药科室是炸药部里最大的一个科室还是最小的一个科室,对于这位经理是重要的。比如说,假如炸药科室比他的猎枪火药科室大,那么很可能,炸药科室的负责人大概就会有管他的权力。其实,如果炸药科室的负责人碰巧有特别充沛的精力和强烈的个性,即便他的科室较小,他也可以拥有那种权力。

从正式的关系说,承包商机构与他没有直接联系,但是如果这位经理权力大个性强，那么，就算有正式的组织关系，他实际上仍有某种监控承包商机构的权力。换言之，我们正在谈论的是我们看到的一种不正常的但是真实的结构。此外，这位科室经理与销售部主任以及部门负责人无疑偶尔都有直接接触。而且，如果他是个懂事的人，他与这两方人士的秘书一定已培育起良好的关系。

这个讨论只是草草勾勒出实际关系中的复杂性，表明正式组织只有一般用途。个人必须与上下级双方打交道。他必须牢记，在他的直接扈从中，可能有一个或几个克拉夫钦科，他们尽管通常是他的下级，却可能与许多高官有关系。[①]

此外，与他的级别比较接近的上级们，还有他的名义上的平级，都会频繁地与他的级别较高的下级接触。当然，我们的这位参照官员，也会与其同事的某些下级有同样的关系。由于大公司定期举行大规模的管理层会议，纵然是自然位置相距遥远，也不能阻隔一位上级与另一位同事的下级接触，那位同事甚至可以是这位上级在晋升方面的竞争对手。

我们在这里研究的这个人的人际关系结构，仅限于不为他工作的人——换句话说，就是那些能影响他的前程，但不会增加或减少他的科室的生产力的人。

第一个要研究的问题，我要称之为“灰色法兰绒西服套装”问题。大多数组织都有一种相当墨守成规的文化，这不一定表现在他

① 在杜邦家族实际上管理着杜邦公司的时代，杜邦家族中的小辈人经常在各种工厂中就任下级管理工作，以此开始职业生涯。这对于他们形式上的上级来说，肯定是挺有威胁的事。

们正式的官方活动中，而是表现在他们的态度和外表上。现在的公司官员们已经不大穿灰色法兰绒西服套装了，但是一般来说，在公司的每个部门中都有某种“高级行政管理人员仪容”的专门规定。

举个例子吧。有一次，我在华盛顿特区的一家餐馆吃饭，J. 埃德加·胡佛和他的一位高级助手走了进来。他们两人的穿着并不显眼，但是有趣的是，他们的衣服几乎是完全一样的。毫无疑问，J. 埃德加·胡佛不希望他的侦探们因着装被人一下子认出来，但是他对于“不显眼”的看法显然是要符合一定标准的。①

再举第二个例子。我在外事服务局执行的第一个任务发生在中国的天津。我在那里待了大约 15 天。有人让我到火车站去接一个新来的信使。我问他是谁，他们说他们也不知道，连他长什么样也一点儿都不知道，但是我要认出他来不会有什么困难。使我惊奇的是，他们竟然是对的。实际上，火车上 90％的人是中国人，这帮了忙，但是仍有大约 40 位欧洲人和美国人。后来，我就能仅凭着装和做派不断认出我们的来访者了。

还有第三个例子。我在驻汉城的使馆工作时，我们住进了一栋急救站的小楼。我在靠近入口处摆了张桌子。有位身穿上校制服但显然不是陆军上校的人走过来，我刚好正忙着。他停下脚步，茫然四顾。我走了过去，告诉他如何能见到大使，然后为未能立刻注意到这位中央情报局的地方领导表示歉意。他一下子被惹火了，因为发现我察觉了他的组织。我说，那是因为他穿的制服暴露

① 实际上，那时候，联邦调查局（FBI）的下级人员还不是太墨守成规，但是他们不难被人认出来仍然是事实。

了他的身份，他火得更厉害了。我还记得他当时说："我们穿的是和陆军一样的制服。"

一个人无论想在哪个组织里得到提升，都应该以晋升为目的去做事情，同时还要避免去做可能招惹麻烦的事。这就是说，在像着装这样的小事上，他/她往往要墨守成规。①

有人可能会问上级为什么会这样来鼓励这种行为。在有些情况中——例如J.埃德加·胡佛和中央情报局驻韩国分站负责人的情况——我敢肯定，那完全是无意识的。在其他情况中，可能有点做作。上级可能想给他的上级们或是一般公众留下某种印象。

如果这位监管人员在潜意识里对人们该如何穿戴确实有一些模糊的偏见，如果所有的下级都同样遵守像着装风格这样不靠谱的规矩，他/她就能在一些重要的事情上评价某个下级的真正品质。某个组织里的人看起来往往有点像，原因就在于，他们要努力得到提拔。尽管如此，但他们的上级并不打算制止这种努力，而且可能还有意鼓励这种努力。②

不直接的关系也能像直接的关系一样重要。这个人会与同在一个组织内关系不很密切但能影响其一般声誉的人建立社会联系。我的姐姐和姐夫一度都在通用电气公司位于斯克内塔克迪县

① 在某些情况下，"墨守成规"也包括一些故意假装的"不守规矩"。比如说，一个头戴阿尔卑斯帽的人可能会比一个头戴牛仔帽的人得分略高一些，这是有可能的。在那样一个环境中，穿着保守的人会是真正不守规矩的人。

② 在某种类型的组织中，比如说，像媒体那样的创新型组织中，可能有一种说法，说真正优秀的人都是不墨守成规的。在这样的情况下，人们可能会争着表现不守规矩的行为。一个严守规矩的人可能会穿着最另类的服装，做出最另类的行为，只因为他就是个墨守成规的人。

的工厂工作，做下级行政管理人员。他们所有朋友的职位都大致相当——他们都秉持着一种他们共有的可以称为是标准看法的认识。这种情形不一定有利于公司。例如，他们中的许多人都对我说过，我应该避免使用通用电气公司的小家电，因为其中有太多的成本算计（cost engineering）。然而，他们推荐使用的是“热点（Hotpoint）”，那也是通用电气公司拥有的品牌。

我姐姐家的一位朋友，与这些人中的许多人一样，从事的是审计工作，这种工作当时还处于通用电气公司的初步培训阶段。此人提出了一种观点，认为审计人员一直以来都在追求难以达到的精确。换句话说，他想要利用统计学排除小的错误。我不知道他的这个观点是对还是错，但是年轻的行政管理人员全都被吓着了。我猜想，即便此人是对的，这种观点也会毁掉他的前程。

在某种程度上，上级大概都会对各种间接情报渠道给予与直接情报渠道一样的关注，特别是在成本核算制不起作用的领域。一旦成本核算发挥了作用，只要考察核算结果，做到精确就比较容易了。

但是，还要再说一遍，行政管理人员的日子也不那么好过。成本核算制可以让你没有多大困难就能，比如说，对某个连锁店下辖的25个商店进行比较。然而，也许正是最好的也是最有进取心的经理，创造出的收益率比最差的经理低许多。单个行政管理人员的技能、才干和工作勤奋程度可以被外部环境抵消。会计人员测定的是有多少利润被创造了出来，但他们并没有告诉你，有多少利润是因外部环境、竞争压力等因素而消失的。

在大萧条期间，在我出生的地方，一个生产机床的小镇——伊利诺伊州的罗克福德——遭受了重创。我的一个亲戚，刚好在大萧条之前努力取得了别克汽车经销商的资格。从 1932—1935 年，在罗克福德，像帕卡德、凯迪拉克、林肯，或者别克这类价格昂贵的名牌车，一辆都没有卖出去。别克车厂查看了经销商的销售情况和其他核算数据后，取消了我那位亲戚在罗克福德的销售资格。考虑到当时罗克福德深陷极度萧条的情况，没有理由认为销售失败是他的错，或者他可以做什么来避免失败。

然而，在今天的大多数情况下，核算制对于试图掌控下属的大公司经理们却大有用处。但是，任何只利用核算制而没有其他手段的经理，都将被既能参考核算制又能考虑到竞争压力和其他因素来改进核算制的经理打败。在控制下属的问题上，寻求利润的企业经理们比起国务院的管理人员处境要好一些，即便如此，这个问题也还是个实际问题。

还有个问题就是，经理对于自己的下属究竟有多少了解，这种了解的精确性又如何。回过头来看表 3 - 1。如果我们把自己想象为处于 10 个层次中底层的一位经理，那么显然，处于顶层的人不可能详细了解最底层中 58 000 人中的每个人在做什么。而且，如果出于某种原因，他确实对某个人产生了兴趣，并试图利用长长的指挥链获得那个人的情报，那么上传与下达中产生的扭曲将是同样多的。因此，用表 3 - 1 中 90％的准确度来说，他得到的情报中有大约三分之一是准确的，大约三分之二是不准确的。即便这位高官可以拿出时间来这么做，想要用这种方法判断那位底层官员的效率，也肯定是不明智的。

当然，90％的准确度只是我们在讨论中使用的。若以美国国务院为例，我估计只有用75%的准确度才是比较合适的，而且在这个水平上的“信息”几乎会全部是乱七八糟的噪音。

由此得出的教训并不是高层人员无法进行控制，而是在获得情报和发布命令时，必须采取某些办法，避免控制呈指数化衰减。

在我第一次被介绍到美国国务院做一名低级官员时，有人对我解释说，官员们的实际工作就是收集传递上来的情报，进行消化，然后提供给顶层决策者。顶层决策者在这个基础上做出决定，然后这些决定再被下发给我们。这似乎完全顺理成章，然而，当你开始想到情报与命令在通过那么多人的传递中实际产生的衰减时，你就会意识到这种做法的缺陷。

顶层和底层的官员并不只是邮递员。在情报上传时，情报得到消化和浓缩，因此也就导致了扭曲的可能。当命令下达时，必须做出具体的执行决定，而这也会造成扭曲。这样一种无知的模型是不管用的，那么，我们就要用本书的余下部分专门研究能管用的那些方法了。

然而，我们暂且还得来考虑一下我们那位中层官员，还有他与其上方人士的关系。那些人收到的情报中至少有些是关于他的所作所为的，而这些所作所为是他可以控制的。因此，他可以向他的上级报送一幅有关他的效率的图画，画的比实际上做得好。前面提到的超市经理大概会告诉他的上级，他遇到的竞争有多强硬，在他那个地区雇工人有多难，街上的交通法规如何减少了经过他的商店的人数等各种事情，而上级官员没有直接的手段去查明他说的是不是实情。

然而，应该强调的是，明目张胆地撒谎确实有风险。塔列朗-

佩里戈德（Talleyrand-Perigord）是个聪明而不顾道德原则的人，但他在做外交人员时从未说过谎。他非常擅长于误导他人，但他认为，说谎被捉住会降低自己今后的信用，从这个意义上说，说谎的风险要大于说谎的好处。[①] 如果你经常对上级说谎，那么几乎可以肯定，上级至少会发觉这些谎言中的一个，而且可能因此而解雇你。

这里的问题是，上级不可能知道你做的每件事，但是他能够不让你知道他对你行为的了解。你的顶头上司有时间来监管你，而且利用一种准随机的调查模式，他能使你对他说谎这件事产生实实在在的风险。用不准确的词语来误导他，使他相信了某个并非真实的事情，那也是有点危险的。但强调好的方面，并希望谁也没有注意到坏的方面，却总是你可以掌控之中的事实（进一步的讨论请见第九章）。

但是，你与上级之间直接的情报传递并非唯一的考虑。肯定有嫉妒你受到青睐的竞争对手，他会尽力查出你在做什么，并把坏话传出去。除此之外，还会有我们在谈到通用电气公司审计人员时提到的其他人的闲言碎语（关于这点的更多讨论请见第十章）。

因此，这个人应该认为，他/她的上级只了解自己的部分行为，但是对不可预见的事情的各个方面却了解透彻。通过控制传递出的情报，此人无疑可以影响他的上级，但是影响的程度则要看他的上级对这些来自另外渠道的情报吸收得有多好。

① 这只在他与外国打交道时才是事实。他肯定误导了拿破仑，因为在他职业生涯的后半段，他做拿破仑的外交大臣时，他也是奥斯陆—匈牙利的间谍。他并没有向奥斯陆—匈牙利人说谎，因为他了解他们的情报系统有多好，但他也相信他们的保安系统。

请注意，从这位上级的立场来看，另外渠道情报中的具体内容并不重要，重要的是，这些情报实际上对直接报告提供了真正的检验。如果谁都了解这种潜在的检验制度，每个人就不太可能坦然地对上级说谎。

利用你对情报的(部分)控制去损害你的对手，也是有道理的。《有抱负的政界人士实用指南》(*A Practical Guide for Ambitious Politicians*)①一书精明而敏锐的作者写道："……诽谤使我们受到君主的憎恨和怀疑。在诽谤中可以觉察到两件事：其一是，这么说是否足以使他失去君主的宠爱？其二是，这么说可信吗？"这真把事情说透了。当然，编造谎言去伤害你的一个同事，一旦谎言被揭穿，就有可能伤及你自己。然而，编造一个有关你自己工作的谎言，不大可能露马脚。显然，你恐怕没能很好地掌握你同事的情况。而且，你大概可以用你听说的方式来表述："我才不相信到处流传的那些事，吉姆一直……"

克拉夫钦科在他的《我选择了自由》一书中，揭露了斯大林时期的大量共产党高层官员用来对付他们同事的手段——利用放在他们自己保险箱中"为自己使用的笔记"，标明某个同事令人怀疑的背景。内务人民委员部定期检查这些官员的保险箱。不过，由于保险箱的主人没有亲自提出任何指控，即便真的并非事实，他们也相当安全。

① 这本书可以找到许多种不同语言的不同版本，包括两种翻译成英文的。大概最方便的一种是我为南卡罗来纳大学出版社编辑的那本(哥伦比亚，1961年)。在索引中，它通常出现在我的名下，因为原作者已无从查考。显然，他曾是法国帝王宫廷中一位活跃的侍臣，而且感到他的敌人可能会指出他是作者而伤害他。

大多数对大型等级制组织内部的描述讲的都是政治花招。我不想贬低这类讨论，但是应该强调的是，实际上，高效执行你上级的意愿同样重要，尽管远没有那么有趣。然而，这里很难进行概括。等级制中的一位官员总会有职责，职责的激励和尽职尽责的表现毫无疑问会使这位官员升职。在不同的等级制和这位官员职业生涯的不同时期，这些职责会改变。很难写出一本有关“做好你的本职工作”的经典意见的大全之作。

然而，在官僚的权术之争中，就不是这么回事了。正如我以前说过的，从社会学意义上说，所有等级制在内部大致相同。同样，帮助《有抱负的政界人士实用指南》一书的匿名作者出人头地的官僚手腕，对于想要当上 IBM 公司负责人的某个人也是有用处的。

耍花招现在不那么重要了，因为有了核算制这种方法，IBM 公司高层官员的控制已经好于法国国王的控制。法国国王没有一位卓越的谋士辅佐，还把他的大部分时间用于与情妇调情、打猎等，而不是用于治理国家。这个事实是使玩权术在那里比较重要的另一个原因。但是，玩权术在两种情况下都重要。

要写一本像《不费力如何在商界取得成功》(*How to Succeed in Business Without Really Trying*)[①]那样有趣又可获利的畅销书，很容易。如果米德写的不是这本书，而是详细描述他如何成功策划了广告宣传战的书，那肯定至多会引起其他广告商的兴趣。但是广告商大概不会对它非常感兴趣，因为他们销售的会是不同

① Shepherd Mead, *How to Succeed in Business Without Really Trying* (New York: Simon and Schuster, 1952).

的产品，销量会是有限的。这种书恐怕不会很有意思，尽管在实用方面，它可能比米德实际上出版的书更重要。

在我们的书里，我们将强调，如果你是位低级官员，执行命令是有利的。当我们转而从高官的立场来看高低级官员之间的关系时，我们将更全面地讨论使命令得到执行的途径。一般来说，玩权术、耍花招等，都是些泛泛的话题，而你接到的命令以及你执行命令的行动都是非常具体的。

我们正在谈论的领域，是在委托—代理的题目下，经济学已经做了相当多研究工作的领域。① 我不会详细论述委托—代理问题的文献，只想说明，委托人不能完全控制其代理人的行为，而且控制的程度取决于委托人掌握的代理人在做什么的情报。我也不会探究在委托—代理问题的调查中使用的详细的数学方法和重要的统计方法——不是因为我本人不同意使用这些方法（我并非不同意），而是因为我打算超越这些方法。

从本章的题目可以看到的画面是：我们是从内部来看组织，不是从外部看；我们是从组织内个人的立场来研究组织，有时候是作为组织负责人的个人，但更常见的是非负责人的个人。我们也将在很大程度上限于讨论不同类型组织的共同点。

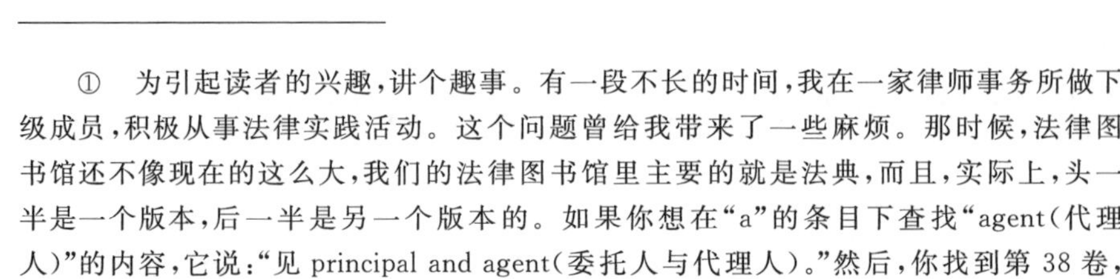

① 为引起读者的兴趣，讲个趣事。有一段不长的时间，我在一家律师事务所做下级成员，积极从事法律实践活动。这个问题曾给我带来了一些麻烦。那时候，法律图书馆还不像现在的这么大，我们的法律图书馆里主要的就是法典，而且，实际上，头一半是一个版本，后一半是另一个版本的。如果你想在“a”的条目下查找“agent（代理人）”的内容，它说：“见 principal and agent（委托人与代理人）。”然后，你找到第 38 卷，是在后一半中，查找“principal and agent”，它说：“见 agent”。

第五章　内部的生活

来看一位中层官员所处的环境。他发觉自己处于一个有许多人的组织中，组织有各种各样的资产，也承担着某些任务。从他的立场看，这些任务可以分为两类：能够助他成功或者至少保住现有职位的为一类；不能起这种作用的为一类。这两类任务没有道德上的差异。其实，当我还在美国国务院工作时，许多人显然就是在按照他们自己的日程表活动，而没打算最大限度地去执行高级官员的愿望。这些人大都是好人。他们认为，他们在做的事符合美国的最佳利益。①

但是，一个不以上级的目标为自己目标的个人（且不论这种做法可能体现的道德价值）追求的是个人喜好，而不是组织最大程度的健康发展。我称这种活动为"爱好"，因为它赋予个人一种满足感。此人或许可以通过尽力做好事得到满足，而不是，比如说，挪用资金并把钱花在情人身上得到满足。尽管在上帝眼里，这两种背离命令的情况是完全不同的，但两者都是对高层命令的置之不理。

---

① 在某些情况下，这或许是韩国的、中国的或者我们所在的无论哪个国家的最佳利益。美国的外交常常旨在有益于各个国家，而不是有益于美国。

想要一丝不苟地按照上级发布的命令办事,有可能使这位级别低的官员陷入一种严峻的进退维谷境地。假设高层已经决定,美国将一如既往地迫切要求在世界各地建立民主政府。然而,在这位下级官员工作的国家,美国大使却认为,[①]驱除现存的独裁者并任命一个民主政府,那只会是通往独裁政权途中的一个临时车站,对于那里的老百姓来说,这将比他们现在忍受的腐败和相当愚蠢的独裁政权糟得多。[②]

来看看一位在这个使馆政治部门工作的下级官员,他必须决定,自己是应该努力去推翻那位独裁者还是去支持他。试想,大使认为推翻现存的当权者几乎会立刻导致险恶的独裁,这位下级官员适当的做法是什么呢?在这样的情形下,他可以自己来断定两个政策中哪个最好,并因此去追求他的爱好;或者,他也可以尝试着去猜一猜,从长期来看哪种政策对他最有益。[③]

然而,我们暂且假定,这位官员追求的目标是使他能得到提升的可能性,或者至少是保住原职的可能性最大化的做法。这种假定并非主观臆断。想使自己的职业目标得到最大发展的人提升得最快,因此,他们也是官僚体制中处于最高位置的人。然而,一旦

① 这种观点是正确还是错误,对这个例子无关紧要。

② 卡斯特罗替代了被迫下台的巴蒂斯塔,还有索摩查的下台以及由共产党政府的替代,所有这些都得到了美国对非共产党一方实施的武器禁运的大力帮助。

③ 艾森豪威尔将军曾被马歇尔将军派到英国去执行一项特殊任务,说服英国人放弃入侵北非。他最终成为北非登陆的盟军总指挥,当然,这奠定了他后来辉煌的事业。所有这些事情中令人感兴趣的特点,也是艾森豪威尔曾是一位非常卓越的政治家的证据是,他从未让马歇尔生过气。

他们到达最高位置，他们不再有什么地方可去。在这一点上，他们可能会发生变化，转向高额的消费开支。

我们的这位参照官员与他的上级、同级和下级都有联系。显然，这是个粗略的分类。有些个人在名义上与他平级，但在某些情况下，能够像他的上级一样来行事。另一些名义上与他平级的人，有着与其上级联系的特殊情报渠道，因此，我们的这位官员得对他们小心提防。而且，还有一些人，名义上是他的上级，但他可以把他们看作是对其仕途没有影响的人，或者，就像在托尔斯泰的引文中那位正与王子谈话的将军的情况，他可以把将军看作是自己的下级。要用图形来表达这一思想，最好的办法是使用大量的小点。如果我们利用许多统计调查中得到的数据来绘图，就能得到这些小点。这样绘制的一个模型有如图5-1所示。

X 代表了这个人自己，其他的点代表的是其他一些人，他们的绝对纵向位置表明了他们的级别以及他们与这个人的距离，并且因此也表明了他们对其仕途产生影响的可能性。

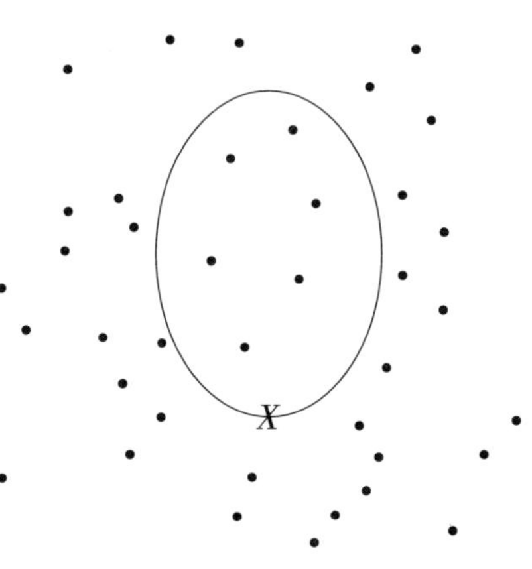

图 5-1　指挥结构——从内部看

我在这张图上还画了一个大致的椭圆形，代表着能够支配 X 的同等数量的权力。因此，对于 X 而言，椭圆里面所有的点都要比椭圆外面相似的点更重要。我们可以画出许多逐渐缩小的椭圆，[①]代表越来越高的权力层。最高层的官员不在这个椭圆之中，尽管事实上他们支配 X 的权力可以很大，但是他们更可能没有注意到他的存在。

这些点都在不断移动，从而使生活更加艰难。在任何一个时点上，某位上级或许能够通过与他工作的某个方面及其他有关或无关的方面，影响到他的仕途。正确地说，为了表明所有的复杂性，这里所说的一切都应该处于一个多维复合的整体中。

要弄明白这套关系是个难题，也是 X 这个人必须解决的一个问题。创造一个（或者多个）复制这张图的数学工具，并无特别的困难，但是不值得费这样的周折。图中那些点的分布对每个人都是不同的，而且在不断变化。总会有某种“重心”（center of gravity），但确定它的位置并不一定就会有什么帮助。

此外，图形也会因人而异。两个人可能共用一个办公室，但是他们的工作是不同的，这足以使对应他们每个人的点的分布相差悬殊。

应该说，我们这位参照政治人的级别越高，他的点分布中的人就越可能与其同级同事点分布中的人相似，因为整个指挥金字塔大致为三角形。[②] 如果两位政治人直接在一位独裁者手下工作，

---

① 椭圆是不是一种正确的形状尚不清楚。这得看个别结构。我画的椭圆穿过了 X 这个人所在的位置，但是可能也可以画一个从他下面通过的椭圆形，以表明即便是他名义上的下级，至少也会对他有些影响。

② 在图 5－1 中，这位参照政治人在金字塔中的地位很低，低到足以使他对该金字塔的外部边界毫无兴趣的地步。

这位独裁者在他们两人各自的点分布中就都是一个重要的部分。

我怀疑绝对级别在这里是有效的。你可能认识在绝对级别上地位比你高很多或者低很多的人，但是他们在结构上与你的直接距离太遥远了，以致你不必去注意他们。在本质上，他们是一样的，尽管表面上看起来并非如此。在某些情况下，这样一种关系可以对双方都有用。情报交流可以使双方获益，即使这些情报总是有点间接，而且只符合接收者的一般兴趣。当我还在美国国务院任职时，我有几个在完全不同的分支机构工作的朋友，不过，他们偶尔对我有用，而我有时也对他们有用。有几回，我们甚至想联手搞几个项目。

你下面的人可能会影响你的进取能力。他们可以是高级别人士的情报渠道，而这种情报（或假情报）可能会帮助你，也可能会伤害你。然而，更重要的是，他们帮助你或伤害你的能力是通过帮助执行你心中的计划得以表现的，不论那个计划是使你的仕途目标实现最大化，还是去实现某些个人意愿。

让我们把这种想法用于我们那个中层外事官员，他正面临着有关他在使馆活动中的各种决定。他想让他的下级官员帮助他，不论他是打算执行上级的命令，还是打算做他认为的道德高尚的事（哪怕他是在挪用资金）。他也可能想要组织一个宣传机构，同他的上级进行全面沟通，一边倒地发送有关他的行为的正面材料。

这个有关这种情形的考察本来打算用作本章的导言，因为一般来说，本章对高级别人士的关注多于对我们参照政治人的关注。我们的参照政治人处于这个机构的下层，而且如果他想改善或获得他的地位，他必须首先影响那些处于他上面的人。

最简单的情形是，我们的参照政治人是等级制中最高领导的直接下级。在这种情况下，如果我们回到图 5-1，准确地说，在他上面的空间中就会只有一个点。我们还要进一步假定，我们的参照政治人没有可能取代他的上级。他的上级，譬如说，是一家公司的独家所有者，或是主要股东，而且不是发号施令者，因为发号施令者一般都会在他们自己当政期间被高官取代。

这位参照政治人，尽管接近最高领导，却不一定是最高级别的官员。只要读过有关皇家宫廷，或是独裁者周围的环境，[①]或是有一位占支配地位的总裁的那些大公司内部运行情况的著作，任何人都会了解，形形色色个人的相对权力不同于他们的名义级别。即使在直接与最高领导打交道的小团体中，也是这样。

这种情形天天都在变化。我们可以有把握地假定，我们的参照政治人想要成为最受青睐的人，或者至少是比较受青睐的人。倘若他已经受宠，他会想要保住那个地位。他无疑也想要领导手中的物质奖励。

显然，此人必须最大程度完成的一件重要事情，就是执行他的顶头上司的意愿。在这么做的时候，他对上级接收到的有关自己行为的情报有某种控制权。而且，在他那个领域中，他的专业知识比最高领导多，这只是因为他有更多的时间去掌握这些知识。因此，此人处于可以向领导提出各种做法、建议的位置。

直接为这位最高领导工作的其他人是此人的竞争对手与合作伙伴。竞争是显而易见的，而合作则是执行这位领导的目标所必

---

① 对铁托与其直接下属的人际关系的描述，把这种花招说得特别透彻。那时是在第二次世界大战中，铁托在英国海军的保护下住在维斯岛。

需的。参照政治人的态度是这两者的混合体。假若竞争过多，此人控制情报的能力就有可能遇到危险，因为这些中层下属会找出一些不利的事情告诉他的领导。然而，如果你认为自己在所有时候都能骗过你的上级和所有平级的人，那就太傻了。所以，一般来说，这位官员应该尽其所能去执行上级的愿望。

我们的参照政治人还应该牢记这一事实：他的上级会与他的下级有一些沟通渠道。因此，关于他的消息和误报都会直接流向这位上级。这种情况也使他很难不去执行其上级的愿望。然而，正如我们以后会看到的，这类沟通渠道不大可靠。我的一个朋友曾在一家大公司做过很短一段时间的负责人。他有一次告诉我，公司董事长也得承认，告诉他的事情有一定水分。

如果有一些客观标准，可以测定参照政治人执行高层指示的程度，他应该尽力把这些标准用到极致。在大多数情况下，这些标准将是确实想要什么和不想要什么的一种近似标准。苏联政府就"成功指标(success indicators)"进行了长期却毫无结果的争论，这形象地说明，拿出到底要什么的客观标准有多么困难。

在苏联，下级人员把"成功指标"用到了极致，而没有把精力集中到真正想要的目标上。有一度，曾按汽车的重量来计算某个工厂生产了多少汽车。当他们转而打算进入国际汽车市场时，[①]人们才发现，在生产设备转让给苏联时，苏联"菲亚特"牌汽车的重量比原车增加了25％。

在核算问题上，这也是正确的，尽管核算的目的是要准确测定

① 他们打算每隔15年这么做一次。

高层人士属意的目标，即盈利能力。这里有两个问题。第一个问题是，当前的盈利能力不一定能很好地预示未来的盈利能力，因此，核算制也不能完全把握使未来资金收入流的当前贴现价值最大化（这也是经济学家们会告诉你一个公司应该做的事情）的情况。

这种不能完全把握的理由在于资本核算的极端困难。会计人员发现，要确定一项研究工作的净回报是很难的，正如 IBM 公司一度曾打算确定研究工作在生产超导计算机过程中的净回报时所做的那样。[①] 即使资本可以测定，资本是否得到了最佳配置也并不能一目了然，因为各位高层官员应该对未来做出估计，并为此进行博弈。公司应该能从成功的博弈中获利，但无法从不成功的博弈中获利，但是不应当就任何一个单项进行偿付。第二个问题是，在大公司中，部门主管从事不同的工作。大约在亨利·福特二世放弃福特汽车公司积极控制的时代，负责福特汽车国内生产的高级别官员产出的利润极少。这很难怪罪他，其实又干了几年之后，他就开始产出大量利润了。然而，利润上的差异，毫无疑问要取决于市场状况的变化。

如果不同部门从事不同的工作，这个问题就被强化了。福特公司是个汽车生产商，而欧洲和美国的汽车生产厂大致相同。然而，福特公司一度曾为美国国家航空航天局（NASA）生产各种零部件。拿这项业务的盈利能力与汽车业务的盈利能力相比较，然后根据这些条件来评价经理人员的素质，不会是个好办法。假如

① 这是在所谓高温超导发现之前的事。IBM 如现在想要重启这一项目，那是有可能的。

NASA 的业务无利可图，福特公司或许早就不干了。但是，在困难条件下主事的官员，比起在较轻松条件下负责阿根廷非常赚钱的福特汽车生产厂工作的那些官员，或许干得还要好呢。

如果我们从经济型企业转向比较纯粹的政治组织，如美国的行政部门，或是尼加拉瓜的前政府，这个问题就变得更为困难了。这里没有有效的成功指标，尽管在一个像美国这样的民主国家中，你在选举中是赢还是输是个同赚取利润有些相似的标准。然而，由于选举过程涉及的是一届政府要执行的所有项目，很难把选票分配到任何具体部门。

因此，要根据"谁的工作做得最好"这个条件，对国务卿和司法部长做个比较，那几乎是不可能的。即使定义"一项好工作"也很难。总统无疑在许多方面中给他们一些具体命令，而在另一些方面则信任他们良好的判断能力，但是总统并不能真正进行高质量的监管工作。在这类情形中，内阁部长的政治能力，要比某个盈利企业中部门主管的政治能力重要得多。这不是因为商业方法更佳，而只是因为营利企业致力的目标更容易测度一些。

上述这些只为指出，在一个公司中，高层官员对下层官员的控制并非完善，即使他们只想获取利润。但是，比起一位想要确定其下属是否工作得有效的政府官员，他们确实有优势。还要假定，一位公司总裁在同参谋成员打交道时也具有优势，尽管这些人的产出不可能用核算方法加以评估。[①] 发觉自己要受到核算方法考评

① 法律顾问和研究工作是两个易于测定成本，但是难于(有时甚至是不可能)测定利润的领域。

的公司人员（即使是一位非常接近顶层的人），必须对公司的盈利给予更多关注，而在实现政府机构的目标时则不会如此。他要花招和误导上级的余地会小得多。不过，即便是在政府部门，努力完成上级交给你的无论什么目标还是比较牢靠的。政治手腕确有报偿，但是真正能干也有报偿。

只有极少数人能明确处于某位上级的直接下级的地位。另一种罕见的情形是一个人处于一班通过选举过程行事的人领导之下。在这种情况下，这些人本身必须是最高权威，也就是说，他们不能再服从别的什么人领导，就像国会服从于选民那样。

有时候，个人是选举委员会的直接下属，而选举委员会本身是最高权威。例如，我在一家公司的董事会任职，董事们本身拥有该公司的大部分股票。处于这种情况中的一位个人，不能够要求股东的更高权威机构做裁决。当然，他或许能够分裂董事会，但那是所有团体的特征。

从某种意义上说，董事会比个人拥有更多时间，因此，董事会也可以有更多的集体知识，但是个别统治者大概仍会消息比较灵通。即使董事会得到了相当多的消息，其中也会有大量重复内容。因此，作为一个整体的这班人，不是为了尽力发挥其收集信息的职能而存在的。对于这个班子中的每个人而言，在某个问题上消息灵通的报偿，要低于统治者个人所能得到的报偿。在获取信息方面，每位成员都在为他人创造一种公共物品，其选票的质量得到了改善，但该董事会决定的质量未必能得到改善。

假如我们的参照政治人直接受这样一班人领导，他大概会受到特别关注，因为只有他这一个下级。这是这些班子最重要的特征。使你自己依附于该董事会中一位或多位成员,成为他们的个人追随者,就可能得到丰厚报偿。要记住,尽管他们所有人拥有同样的选票数量,但实际上,有些人的选票还是会比别人的选票更重要。即使很难说哪位成员的选票最重要,你还是应该尽力去搞清楚。[①]

图 5-1 展示了一种比较一般的情况:某人的上面有许多不同的人,他们自己之间也像他们与他一样,有着多种多样的关系。这种情形对于非常政治化的个人是理想的,因为它为要花招提供了最大的机会;对于非常能干但少有政治才能的人,则不大理想。那么,糟糕的是,这是一种正常情况。大多数组织都不是太小,不足以让大量人员直接处于单个领导或一个班子的领导之下。

在讨论这一点之前,我想扼要地说个题外话,即许多市场活动与这种结构相仿。开饭馆的人靠的是有大量消费者,其中有些人会常来光顾,有些人不常来;有些人会告知他们的朋友他开的这家饭馆是好还是坏,另一些人从不与朋友讨论饭馆的事情,等等。据此可以复制图 5-1,用小点表示他的消费者,放到他的上面,并得出相似的图形。根本区别在于,在大多数情况中,小点的数量要比一个组织可能有的小点多得多,而且由此在一定程度上导致一个结果:个别小点对于这个饭馆老板不大重要,而在等级制组织中才重要。

① 在马丁担任联邦储备委员会主席时,他从来没有在任何一次投票上失过手。许多人认为,这表明他的影响非常大;但是,主席是最后投票的。这正好轻易地说明:从不失手的现象表明他很容易受到影响。

我们的题外话就此结束，返回到我们的情景中去。有意思的是，许多人以一种相当滑稽的脉络来写等级制组织。谢泼德·米德的《不费力如何在商界取得成功》[①]、《彼得原理》[②]，还有帕金森的作品就是例子。我把我的《官僚体制的政治》赠送给我最后一位大使领导；他现在已经退休了，但他在美国国务院曾经是非常成功的人士。他给我回信说，他可以肯定，我的书本来是打算当喜剧写的。其实，那是本严肃的书，而他的反应大概就是受到上面提到的其他书籍的影响。

在我的关于官僚体制的书中，以及更早的我编辑的《有抱负政界人士实用指南》[③]一书中，可以找到更加详细，也更为严肃的分析。有关的零星讨论在马基雅维里的著作、卡斯蒂廖内的《廷臣论》等书中也随处可见。

这里的根本问题是一个历史悠久备受推崇的法律话题，叫作"委托与代理"。近年来，这个话题引起了经济学家的很大兴趣。高层官员要确保其下级官员实际上去做他想要做的事，几乎是不可能的。但是，我们这里正在探讨的事情，是从一个有着自己目标

① Shepherd Mead, *How to Succeed in Business Without Really Trying* (New York: Simon and Schuster, 1952). 顺便说一下，这个题目是个取名不当的坏例子。接受了作者意见的人肯定会非常努力地去照着做。而他努力去做的事并不会改善该公司的收益。

② Laurence J. Peter and Raymond Hull, *The Peter Principle* (New York: William Morrow, 1969).

③ Gordon Tullock, ed., *A Practical Guide for the Ambitious Politician* (Columbia: University of South Carolina Press, 1961).

的下级的角度来谈的。一般来说，我们使低层人士符合高层偏好的方法，就是利用低层人士自己的目标。他们想要金钱、名誉等等，如果他们执行其上级的愿望，这些就都是他们的了。糟糕的是，由于我们一直在讨论的控制的损耗这个问题，他们执行上级愿望的程度永远到不了百分之百。

那么，在这种情形下，此人应该仔细评估各位上级对他活动的相对控制力和相对兴趣，如果可能，还要使自己成为某位高级别成员的一个情报渠道，这样，他的直接上级们对他就会有一些惧怕。然而，他应该记住，他的上级们肯定会在某种程度上了解他实际上在做什么。还是引用我在《官僚体制的政治》一书中用过的一句警句来说吧：如果他最终不得不途经首都撤退的话，一路上频发捷报就不会有什么好处。

因此，努力做好你的分内工作是重要的，即便你做的只是微不足道的小事。中国的皇帝都是礼仪式的人物，一年之中他们有数次前往天坛举行仪式，在仪式上都会有指定的官员诵读祭献经文(pieces of the Canon)。在中国跻身高官之列的途径之一就是，诵读你那段祭献经文，以此给监管你的人留下印象。要是把这种诵读当作一件微不足道的小事，那可是太不明智了。

在大多数大型官僚机构中，有一种适用于平级和下级的特殊环境：个人可以在一个委员会中任职，或是做一个委员会的下属。在我们转而讨论这个人，以及他该如何与平级人员相处的问题之前，讨论一下这些委员会的性质是重要的。作为一个委员会的下属是相当不寻常的事；通常这个人会是一个委员会中某个成员的下属，而不是委员会这个整体的下属。

我在这里所说的并非一个立法机构或是选民全体。这些委员会已经有其他著述详细讨论,但极少深入到官僚机构。它们是作为官僚机构之上的领导组织在行事。

不过,如果你看看任何一个官僚机构,无论是私人的还是公共的,你就会发现许多委员会,有些是固定的,有些是专门的。一般来说,这些委员会总受到新闻舆论的苛责。所以,我们必须问问自己,如果这些委员会像它们表面显现的那样无能,为什么它们还会存在。

组建一个委员会有若干原因。从政府方面来说,特别是在民主政府中,经常为了推迟对某个尴尬问题做出决定这种特殊目的而组建委员会。里根总统任命了一个委员会,并告诉该委员会的成员稍后向他汇报,他们认为什么样的改革才是好的改革。用这个办法,他把社会保障制度的改革推迟到大选之后。这个例子意味着,委员会在本质上是敷衍,一种轻松的战术。

然而,在政府的办事过程中,委员会有时被期待做另外一些事情,而且,里根总统关于社会保障制度改革的委员会也确实报告了里根和国会进行的大量变革。[①] 然而,在通常情况下,这里想要的不是该做好什么事这类技术性意见,而是想要了解哪些事情会在选民中产生良好反应。一个委员会的构成人员,首先根据他们的声望而不是专业知识选定;其次根据他们的"代表性",也就是说,他们被期待会做出像一般百姓那样的反应。委员会经常配备一名

---

① 一个有趣的事实是,这个超党派委员会中的民主党成员,曾拒绝在大选前讨论任何有可能伤害老年年金领取者的提案。

技术人员,负责处理具体事务,但不管他们履行职责的大事。[①]

然而,这种委员会对某个官员的仕途没有多少直接影响,而且往往是临时机构。大多数大型组织中的委员会既是固定机构也是专门机构。尽管还得再说一遍,它们一般总受到新闻舆论的苛责。

有几个理由可以说明为什么要组建这类委员会。在政府中,它们的存在是为了尽力减少官僚机构之间的冲突,这类冲突是华盛顿(其他国家的首都也一样)生活中占主导地位的特征。如果有五个不同的政府部门涉及了某个领域的问题,通过相当高级别的代表会商,就关键问题进行争斗,尔后,由这班人马做出的任何决定都将得到执行。请注意,要使这种会商取得成功,就必须找到一致同意的决定,而不是简单地按多数投票做出决定。

在像这样的委员会中,一个要与委员会中和他平级的人打交道的个别成员应该记住,他代表的是他自己那个部门,他的工作是使自己部门的利益最大化,而不是去执行该委员会不论什么形式上的目的。他还必须与委员会的其他成员形成适度良好的关系。最后,他还有个问题,就是要把委员会选定的结果兜售给他自己的部门。如果这个结果有利于他的部门,这个最后的任务就会容易得多了。

如果高层人士中无人对达成一个目标感兴趣,这种委员会就永远也不会形成结论。这些人是内阁部长、国会议员,还是总统,都无关紧要。委员会承受着要得出某种解决方案的压力,而各个

---

① 近年来,经济学家作为这类委员会的工作人员或直接作为公务员,对美国政府的政策产生了很大影响。他们的论点,尽管通过电视传达给一般公众时不是很有说服力,但是在私下里提供给那些智力水平远高于一般公众的人时,显然产生了很大影响。

部门的代表也意识到，达不成协议对他们前途的损害，甚至比达成稍微不利于本部门的协议还要大。

因此，这种委员会中的个人处于艰难的谈判地位，但是如果他的目标是给人留下好印象，或是最大程度地拓展自己的仕途，他是能够做到的。他也可以去发展某种爱好补充自己的优势。一般来说，成为这种委员会的成员是下层官员可望而不可即的事。资深官员通常都试图把责任转给下层官员，因为他们自己喜欢发号施令，而不是去谈判。

顺便说一下，委员会并不总被称为委员会。我有一位同事，过去曾是一家大公司的高级别官员。他就评论说，他所在公司的良好特征之一是，他们没有几个委员会。然后，他又抱怨说，作为那个公司的一名行政管理人员，他的时间全都用在开会上了。两者相互印证就暴露出，这家公司给委员会起名使用的语言把委员会列为了固定组织。许多召集会议的临时组织也不叫委员会。显然，他所在的公司无论什么时候遇到了问题，就会建立一些专门的小组；但是他们的委员会又是固定的管理组织。这也是相当少见的。

有时候，任命委员会确实是为了找出一种解决方案；这在私营部门中比在政府中还要常见得多。正因为这样，我们在这里就要集中精力研究大公司和它们的特别委员会网络。首先要提出的问题是由谢泼德·米德总结出来的，他曾指出，真正的决定将由某个特别重要，以致不能成为委员会成员的人做出。[①]

米德总爱夸大其词。但是在他谈到的那么多事情中，这个说

① Mead, *How to Succeed*.

法却基本属实。通常情况下，委员会深思熟虑的结果是形成向更高官员提出的意见和建议，而不是做出真正的决定。当然，这不代表无能，因为任何明智的人都会向低层官员征求意见。

有时候，委员会本身也会形成一个最终决议，但是几乎无一例外的是，这个决议会以匿名报告的形式正式呈送给上级，以获得批准。如果所说的事在技术上难以做到，而这位上级信任委员会，他可能无须严加思考就批准这个报告。那么，在某些情况下，人们可以说，这实际上是委员会做出的决定。在另一些情况下，这位上级会把委员会的报告干脆作为他自己对决策过程的一种投入。这个过程是昂贵的。大量人员参与了有关的讨论、研究等诸如此类的工作。牵扯的人员比把这个任务交给一个人去办要多得多。而且，真正的信息传送和研究活动也不如个人各自去工作有效率。换言之，假若不是由一个五人委员会负责解决某个问题，而是给这五个人每人一个独立的问题，最终的总产出肯定会高一些。不会有口水仗(oral communication)了，打口水仗不如研究有效率；不会有他们之间的争风吃醋了，这种争斗消耗大量精力；各个成员也不会试图利用他人的信息搭便车了。

然而，分派任务到人会带来一个监管的问题。人们不大可能主动去努力工作，除非他们的上级对他们的工作详查严管。但是，委员会在某种意义上是自己监管自己。不同成员会留心其他成员说了什么或写了什么，而且如果其他委员会成员疏于职守，他们往往也会吁请更高官员加以注意。再有(这将在以后进行更全面的讨论)，委员会对全部想法加以甄别；如果让五个工人分别处理问题，甄别的任务就得监管者自己去完成了。

此外，委员会不大可能像个人那样会努力去取代上级。这不是由于委员会成员没有野心，而是由于在委员会里要这种花招很危险。这种考虑在政府的政治领域中要比在公司中更重要。其实，选举产生的大型机构，如美国国会和英国下议院，都要对事情进行投票表决，而不是选出单独一个看起来无能的人，这确实具有使社会更加安全的好处。

亚里士多德对于颠覆民主制的解释是这样说的：一开始，选出单独一位高级别官员，代表人民反对寡头政治，而这个人最终推翻了民主制。尽管我不想支持这一古代理论，但是确实存在许多特例。而且，即使相当频繁地进行选举，对于民主制，单独一位民选领袖也要比一个议会危险得多。

这一思想也适用于其他方面。欧洲的国王们，在他们开始摧毁封建领主的权力时，曾求助于合议制。合议制下，各部由一个委员会负责，而不由指定的官员负责。这种做法约束了封建领主，他们虽然进入了这些委员会，但是他们的权力状况却与如果让他们负责一个部时不一样了。

从许多方面看，英国政府都是结构上最为保守的现代政府，一直在英国三军的每一军种最高领导层中保持着这种委员会形式的所有做法。英国海军部的委员会是这些委员会中存在时间最长的，人称“海军部贵族院(the lords of the admiralty)”。陆军和空军的这种委员会并非所有成员都是贵族。[①]

① 实际上，“海军部贵族院”的成员也并不全都是贵族，尽管从长期来看，他们往往都会成为贵族。

再说一遍，在大多数公司和/或对于大多数政府的委员会，委员会成员的身份并不很重要。美国国务院中开会争论有关对玻利维亚援助事务的平级成员，大概是不会去颠覆玻利维亚的。

那么，这些委员会并不仅存在于大公司了。尽管有人会争辩说，政府的委员会——特别是学术界的——象征着困惑、前言不搭后语和混乱无序，而大公司的委员会可不是这么回事。大多数公司都承受着要求高效率的相当大的竞争压力。而且，大多数公司都会定期出现急剧的衰落；每当此时，他们通常都会裁掉大量冗员，实现减肥。

这方面另一个要求高效率的压力来自公司入侵者。他们可能认定该公司已经组织得很好了，通过解雇现有管理层，另行聘请新的管理层，股票价值肯定会上升，足以支付入侵的费用。再有，许多公司都有一些拥有大量股票足以控股的个人，他们个人都对效率非常感兴趣。

小艾尔弗雷德·P. 斯隆肯定是我们这个时代最伟大的管理天才。他曾拥有通用汽车公司足够多的股票。这些股票在纽约股票交易所每天的价值波动甚至要超过他的年薪。在这样的情况下，他对内部效率肯定有着非同一般的兴趣，特别是管理效率。他曾是委员会管理(committee government)的一大信奉者。在他的回忆录中，他不厌其烦地谈到他要建立一种适当的委员会结构的努力。

那么，这些委员会都做些什么呢？从文献记载来看，我几乎没有找到什么清楚的解释，因此，我被迫回到自己的思路上来。在扼要归纳出一种理论解释后，我要告诫读者，这个解释不是非常好的解释，尽管它是我所能得出的最贴近事实的解释。我力主读者去构思一个更好的解释。

我也力主读者在构想一个更好的解释时要非常慎重。这个领域中差不多人人都能冷不丁冒出一种对这些委员会的解释，而且涉及的理论范围也很宽。在我根据我们对这些委员会运作方式的经验认识来思考这些理论时，其中的大部分已经被驳倒了。因此，我希望读者不要轻易地把心里最先想到的东西当成是能替代我的方案的更好解释。

在我看来，任何大公司的管理层都需要有稳定持续的有关各种事务的新思想流入。这些思想不一定惊天动地。比如说，销售某种类型便携式收音机的一项新营销策略，对索尼公司不会有压倒一切的重要性。但是，考虑这些思想，让新思想得到逐步发掘，并且只采用较好主意的决定却是重要的。提出大量新想法并非难事，虽然其中的大部分都会没什么价值。

高层官员将对这些新思想做出最终决定。[①] 但是，为了节省他们的时间，这些官员会愿意让人先把这些想法提出来，然后经其他人筛选一下。这并不是说，高级别官员自己常常拿不出比他们的下级更好的主意，而只是说，他们想要一个连续流(continuous flow)，而且愿意花钱买这个连续流。

那么，为什么委员会是一个好工具呢？我们已经谈到，委员会

① 我在阅读亚科卡的回忆录时受到启发，发现福特车的颜色这类事情的最终决策者风格设计委员会(styling committee)，实际上是由福特公司五位最高级别的官员构成的，包括财务主管。

的各个成员将不会提出像他们分头去处理事情时可能提出的那么多想法。假定让五位下级官员各自来看一件事，他们提出了一定数量的新想法，减去了重复的部分之后，比如说，总共还有 25 个想法。委员会可能提出的想法会少一些，比如说，15 个想法，只相当于他们中三个人提出的量。

然后，他们来考察这些想法，按优劣定级，将其中一个作为重点推荐给他们的上级，可能同时还附上几条备选意见。他们做了充分准备，如果上级不批准那个重点意见，就马上换上另一个。然而，这个甄别过程不会是完美无缺的，提交给上级的重点意见很可能是我们那 15 个想法中最好的三个之一。

那么，委员会就把提出想法的过程与甄别过程结合起来了。这两项工作哪项它做得效率都不高，但做这两者结合的工作却做得比任何其他办法都好。特别是，它在这个过程的初期就消灭了本来就不好的想法，因此用不着在那些想法上浪费时间。

应该细心关注这种结构为要策略性花招提供的机会，以及为相当不守规矩的下级官员提供的机会。委员会不是他们操持的合适地方，因为他们的行为将立即引起对手的注意。当然，他们可以是操纵委员会的专家，而且可以在委员会中操持得不错，因此，他们的晋升就是择优晋升。由于委员会所做的事几乎每件都要尽量公之于众，官员在一个委员会里施展政治手腕只能更加隐晦，但他们得到回报的可能性更小。

那么，这就是我对为什么我们在营利公司，甚至那些承受着相当大压力的公司中能看到这些委员会的解释。通常情况下，当公司遇到麻烦时，委员会就被削减，但那只表明公司采取的是对经济有短期影响的方法，而非有长期影响的方法。一家处于破产边缘的公司，迫切需要立刻赚钱，也可能愿意放弃今后赚钱的某个机会。

然而，这些关于委员会的评述只是对公司总部的性质所做的比较一般化的评述做了具体分析。任何接触过公司总部的人，都不仅会对委员会的数量留下印象，而且会对工作人员的数量留下印象，其中的许多人并没有非常具体的工作。其实，跑遍世界的专业管理咨询团队花了很多时间对这一事实表示遗憾，并建议说，这项工作应该得到明确定义，而大家也应该停止逾越自己的正常工作范围。尽管有这些意见，这种现象却依然如故，生生不息。

在我看来，全部这件事情——委员会和这一大堆有着各式各样不大具体职责的办事机构——是一种提出想法，然后甄别想法为最高层服务的做法。有许多聪明人非常积极地提出赚钱的点子。而在他们工作的环境中，大多数其他聪明人却并不真正喜欢他们同事的点子，因为他们担心这些同事会被提拔到他们上面去。但是尽管如此，他们仍然对增加公司的盈利能力感兴趣。因此，其他行政管理人员将会对任何官员的主意抱有一些偏见，但并非全然拒绝考虑。结果就产生了新想法与甄别的相结合。

在上帝眼中，建立委员会的做法运行得并不特别有效，但在实践中，这种做法却难以改进。这种官僚泥沼(bureaucratic swamp)起着过滤器的作用，为首长挑选出比较好的(不一定是最好的)想法。这些委员会经常不断地逃避就业管理部门的正式从业分类规定，因此也为管理咨询人员教训他们应该改革留下了机会。这一事实表明，在这种丛林中，委员会的做法还是比较有效的。

最后要讨论的一项，是个人与上级和同级人员的关系。这绝不是说，所有的官员都相信自己能快速得到提升。因此，许多人都试图购买保险以在现任上保护自己。即使是那些打算迅速向上爬的人，也会愿意侧翼受到某种保护。结果，不同官员中就形成了“你别编派我，我也不告发你”那种形式的默契。我将在第十章充分讨论这个问题，但是显然，从作为一个整体的公司的角度来看，这种默契不会对效率做出贡献，但确实会对涉及的人员有好处。运营良好的公司应该尝试将这种形式的默契降到最低限度。

至此，这幅图画是现实的，也符合大多数大型官僚等级制的内部情况，尽管它过多地强调了在官场中要花招的必要。在任何适度运营良好的组织中，一个想要升职或保住自己职位的人，承受着很大压力，得花时间和精力去执行上级的意愿。社会的或个人的看法在这里是无关紧要的，更高组织的目标才是重要的。最好的忠告是：无论你打算做什么都要尽力做好，而且还要努力学会玩权术。尽力工作很可能会占去你更多的时间。

第六章　结构改革

前两章考察了等级制中的官员与上级和同级打交道的情形。现在，我们来讨论他与下级打交道的情形。换言之，我们假定他处于一个大型等级制中，处于让别人为他工作的位置上。

下级对待这位官员与这位官员对待他的上级的行为方式是一样的。而且，他对待下级的行为也会像他自己的上级对待他一样令人起敬。正如他的上级会与他的某些下级形成非正式的联系，以便为上级自己提供更好查验他的行为的途径那样，他也会与他下面几级的人员形成非正式的联系，以获得类似的保险并控制他的直接下级。

我们已经知道，他对下级的控制是不完全的，正如他的上级对他的控制是不完全的一样。然而，让我们暂且先来考虑一下，如果他具有完全的控制力（可能得通过一种特殊的神助），他会想让他的下级干些什么。

首先，他想要下级执行他给他们的任何命令。但是显然，这只是个初步的想法。下级对他们自己的工作了解得比他多得多，因此，也会在没有他的命令和他不了解的情况下，做出许多具体的决定。不过，他想要低级别官员做出的决定与他在相似的位置但心中牢记他自己的利益时可能做出的决定相同。[①]

其次，他想要这些官员把他们做出的决定与其他官员做出的决定相协调。本质上，他想要的是一群机器人，每个人的行为都符合上级的最佳利益，而且每个人对别人的工作都十分了解。显然，这是行不通的。

因此，此人必须降低期望，就像所有大型组织做的那样。特别是，他必须意识到，他的命令在控制模式中向下传达时会被扭曲。这些命令还得由低层人士的决定来补充，他们对他管辖的整个领域有着更具体的了解。

当然，他会遇到从下面收集信息的问题，在这里还得说一遍，他得接受一定程度的水分。前面讨论的提出新思想是重要的，而且他必须保证让他的下级能提出新思想，即便他打算把功劳归于自己。

本章将提出此人在组织内可以进行的各种结构改革建议。尽管这些变革会有一些帮助，但并不能彻底解决问题。在本书以后的其他章节中，我们将讨论降低对下级要求的办法，并引导下级比他实行上面所说的机器人模式时表现得更好。

在这个讨论中，我们将把自己想象成一个想要控制下级的人，尽管在一个大型等级制中，事情绝不会那么简单。不过，对这个简单结构中诸多困难的认识，在考虑大型的组织结构时将派上用场。读者或许想要把我们的“个人”——这里是指美国的整个选民群

① 埃德·扎贾克(Ed Zajac)过去是美国 AT&T 公司的一位高官。他总是对新来的员工说，如果董事长懂得的物理学知识和他们的一样多，他们就该努力去做那位董事长会做的事情。

体——想象成一个凌驾于美国政府等级制之上的发号施令者。实际上，大多数想要控制自己下级的人都处于等级制中相当低的层次，而且不得不为上级或同级的干预而苦恼。这种苦恼将暂且放在一边，留待以后讨论。

我们打算先改变控制范围。表 3－1 表明，一位上级的控制往往会在从上到下通过各级组织时损耗，也往往会因利益混杂的怪事损耗。因此，向下十级之后，他的控制就很有限了。然而，假定控制范围不是三个人，而是十个人。在这样的情况下，他就有了十个直接下级，他们每人又有十个直接下级，那么，只要向下五级，在底层就有十万人为他工作。因此，无论有怎样的扭曲程度，加宽控制范围都会使他的意愿在低层得到更为准确的执行。

这里的问题在于那个小短语“无论有怎样的扭曲程度”。随着控制范围的加宽，他监管每个下级的能力肯定会缩减，而他的每个下级监管他们下级的能力也会缩减。因此，他的控制程度也就缩减了。表 6－1 说明了这一现象。我在表 3－1 中曾假设每个损耗率对应着一个控制范围，5％的损耗率对应着两个人的控制范围，10％对应三，以此类推。那么表 6－1 表明的是，这每一对要达到至少与表 3－1 中底层下级官员大致相同的数量所必需的层级数。这张表也显示了在这些情况下底层的人数，以及他们之中真正在执行顶层人士意愿的人数。

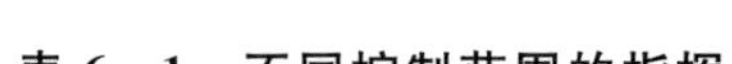
表 6－1　不同控制范围的指挥

控制范围	2	3	4	5	6	7	8	9	10
服从度	0.95	0.90	0.85	0.80	0.75	0.70	0.65	0.60	0.55
层级数	16	10	8	7	6	6	5	5	5

续表

底层人数≈58 000	65 536	59 049	65 536	78 125	46 656	117 349*	32 768	59 049	1 000 000
执行领导意愿的总人数	60 891	32 699	25 297	21 844	10 675	17 389	4 706	5 634	6 150
所占百分比	46.5	37.9	29	22.4	19.1	12.7	12.6	8.5	5.5
员工总数	131 070	88 752	87 380	97 655	55 986	137 256	37 448	66 429	111 110
执行领导意愿的底层人数	28 884	20 589	17 858	16 384	8 304	13 841	3 802	4 592	5 033
a^L×层级数	44	34.9	27.2	21.0	17.8	11.8	11.6	7.8	5.0

注:a=服从度百分比;L=层级数。

* 117 349 这个数字看来并不很接近 58 000,但是五个层级的使用会在另一个方向上造成相等的错误;58 000 碰巧大约是 5 和 6 的 7 次方之间的中间值。

读者会注意到,我的两个变量——指挥衰减的程度与控制范围——之间的相互影响,完全是主观臆断的。我们只知道,损耗会是控制范围大小的一个正函数。这张表的用意在于理清思路,而非提供实际结果。我们从中看到的是,对于任何一类活动,肯定有一个最佳控制范围。最佳控制范围越宽,就越容易看清我们的下属在做什么,也越容易给他们下指令。因此,我们看到,通常大公司对个别销售组织的控制范围都是宽的。一个部门经理手下可能控制着 15—20 个大致一样的商店。然而在员工中,很难说清那里的低层人员该干些什么,他们是否确实在做着什么事,我们通常看到的是窄的控制范围。

那么,每个不同的任务大概都有其最佳控制范围,而且高层行政管理人员的职责之一就是要看到他们的下级以这种方式组织起来。在这种联系中,控制范围越宽,所需的行政管理人员数量越少。然而,我们并不能说出任何一个机构的最佳控制范围是多大。但是,对于任何想控制下属的人,摸索出一个最佳控制范围是重要的。

让我们来看看另外一些结构问题。人们常用，但是以一种误导的方式使用的第一种结构，是我所说的“十字”形组织，尽管大家通常说的是“参谋人员与直线人员”。在图6－1中，我回到费尔菲尔德公司，并从公司总部的角度来看看这种结构。实际上，要想正确展示这张图，我恐怕得用非常大张的纸。所以，读者应该把这里的图只当作是表示高层的一张草图。

首先，在费尔菲尔德公司下面有一系列建房和售房的部门。为了简化问题，我只在图上放了三个这类部门。它们的头头负责在某个城市的住房建设。

此外，还有一系列的参谋部门负责建筑的各个方面。我还是只选了三个部门：地基部，包括场地准备和模板；结构部，包括墙壁、屋顶等；还有收尾部，包括管道的安装设计、电力供应、刷油漆这类活计。每个参谋官员都同各部门中负责特定工种的人联系。因此，在图森市负责地基工作的人向他的上级，也就是图森市的经理，汇报工作，但是在某种意义上，他也处于公司总部负责地基工作的领导控制之下。

我把这说成是十字形组织的理由相当明显：两条指挥链相互交叉。而且，在我熟悉的所有情况中，对于这两条指挥链究竟如何影响某个下属存在一些疑问。例如，在图森市负责地基工作的那个人，无疑偶尔会发现自己处于这样一种情形，他的经理给他下的命令与地基总部关于如何建地基的一般规则相冲突。他必须得做个选择，而且也会有一般性的政策可以照搬来解决这个问题，这里强调的词是照搬。①

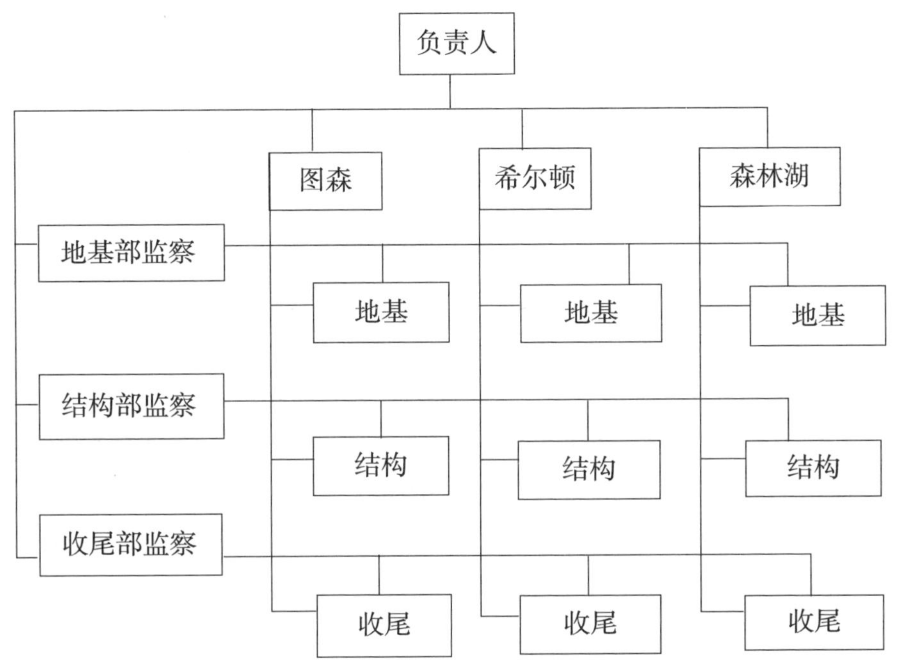

图 6-1　费尔菲尔德公司

这种结构在政府中比在公司还要常见得多。实际上，我并不知道费尔菲尔德公司是否具有这样的结构。在大多数公司中，除了在低层官员需要技术帮助的某些领域，这种结构并不重要。② 通常情况下，直线部门占有主导地位，总部中的参谋人员无权直接命令部门经理的下级。

---

① 任何对坏的官样文章能达到什么程度感兴趣的读者，都应该看看军规中关于，比如说，G2 部门与指挥部门和五角大楼的 G2 部门之间关系的讨论。五角大楼的 G2 的军阶要比指挥部门的军阶高很多。

② 在 AT&T 公司解体前，这种结构曾相当强。然而，AT&T 是个受管制的垄断公司，并不受到激烈竞争的约束。

这种体制的一个优点在于，它可以保证上层人士的意志通过两条指挥链切实得到下达，而有关下面活动的信息也将通过两条不同路线上传，因此，上级利用这种特殊的方式，能对他们的下级有更多掌控。缺点是，它不知不觉地增大了控制范围。

有关这个题目的讨论大多谈到，参谋官员使高级别官员更容易控制直线部门。“参谋部门并不谋求自己的控制”这种假设是荒谬的。在表 6 - 1 显示的那个组织中，处于顶层的人的控制范围是六：三个建设部门和三个参谋部门。他对这六个部门头头中每个人的控制，肯定少于他只有三个直线部门时他对每个头头的控制。

因此，这种结构只在对远端下级是否执行了命令有怀疑时才是有用的。然而，真正简化了整个指挥结构的例子没有几个。一个明显的例子是，一家与单独一个工会打交道的公司，有一个控制着多个部门的单独人事机构。在只与单独一个工会打交道时，实行一种统一的政策是明智的。

其他例子都具有纯粹技术方面的问题。我假定，通用汽车公司有一个与引擎设计有关的总部门，它向许多操作部门提供引擎生产方面的技术意见。部门经理很可能不把这种设置看作是一个威胁，而看作是一个帮手。[①] 然而，即使是在这里，如果某位引擎设计师对什么样的小汽车引擎合适的看法与那个直线部门人员的看法不同，也会引起混乱。

但是，再说一遍，十字形组织中纯粹的参谋活动在私营部门中是不常见的。即便是大公司中有大量参谋人员，他们也主要集中在总部，或是在少数几个地区性机构中，而且他们主要是彼此交

① 当然，除非像偶然发生的那样，部门经理本身就是一位引擎设计师。

往，而不与低级别组织中的职能部门发生直接联系。参谋人员与直线人员的交叉更常见于军事组织和其他政府组织，但后者中的常见程度略低一些。

即使在军事组织中，提供大量高级别职位的情况也只是在19世纪末才发展起来。美国的陆、海、空三军都是执缰者众拉车者少的例子，但在执缰者中将军和海军将领的职位也要比拉车者中的多。

这种结构在处于效益压力下的组织中不常见到，但是它的一个变种却是遍地开花。我们先从有史以来最好的政府官僚体制——老中华帝国的文官制度——来说吧。这个文官制度中的成员都是经过极难的考试选拔出来的。从这些考试中胜出的人（前三甲）被委以都御史之职，而不是被派到行政管理岗位。

中华帝国的都察院由许多官员组成，他们最初的级别都非常低，尽管他们可以在都察院的级别中得到提升。他们被派往政府各大单位，执行巡视任务。都御史到达省一级政府，除了监视其他官员外，别无正事。他可能比较年轻，与高层官员没有前缘瓜葛。都御使的职责只有一个：发现官员的过失。如果他们能够证实下层官员有不忠朝廷之举，他们就会前途无量。然而，进行诬告是危险的，因为他们将受到“反坐”的惩治，即用受到他们正确指控的官员会受的同样刑罚来惩治他们。①

请注意，这种体制不会把控制范围扩大很多。坐镇京城的皇帝会直接处理都察院高官的奏折，还得分神来关注他们。但从根本上说，皇帝可以一直与朝中大臣处理朝政，几乎无视都御使的存

① 在中国，骇人的刑罚不适用于官员（刑不上大夫），但是掉脑袋肯定是最直接的一种可能性。

在，除非他得到的情报告诉他，有些直线官员行为不轨。①

这是十字形控制链的纯粹例子。它不是一条指挥链，因为皇帝并没有通过都察院发布任何命令。除了通过正规渠道向上呈送的正式报告之外，总会有一些心明眼亮又雄心勃勃的年轻人，他们在精心视察，并且有权在他们认为适当的时候提出批评。这无疑是对体制效益的一大改进。

大多数现代公司都有审计形式的相似设置。这在图 6－2 中得到了表现，经过标签调整，这张图可以成为一张很像老中华帝国文官制度的图表。

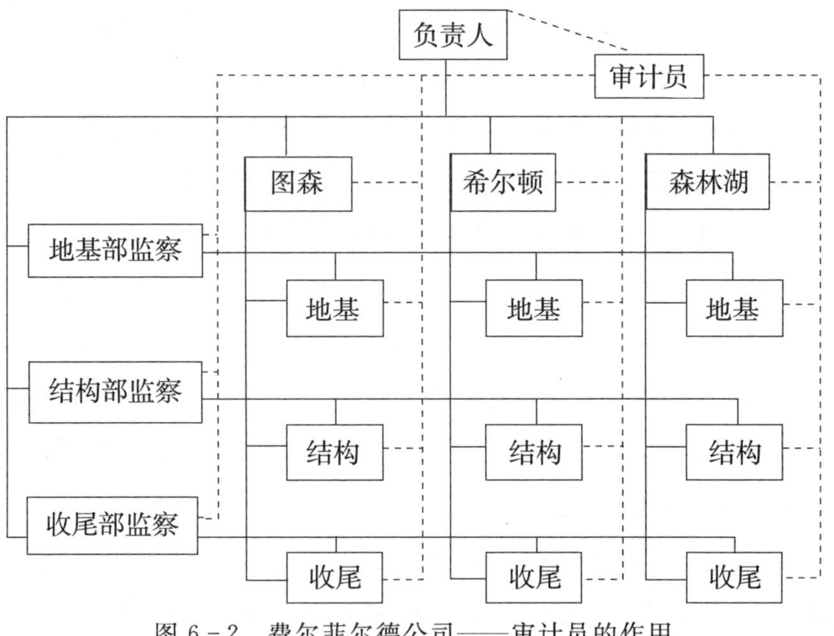

图 6－2　费尔菲尔德公司——审计员的作用

① 这甚至适用于都察院自身中非常资深的成员。任何一位都御史都有权力呈送一份只能由皇帝本人开启的密件。因此，实际上没有谁，哪怕是都察院班子里的人，可以阻止批评言路。

请注意,审计员甚至不是这家公司的固定员工。许多大公司确实有自己的审计员工与下级官员打交道,但是妥善管理的大公司也与外部的审计事务所签约对最高层进行审计。而且,过一段时间就更换这些外部的审计师,被看作是个好办法。我在其中担任董事的那家公司每五年这样做一次。但是,需要重申本书一直在强调的一个主题,这种体制只是由于公司想要赚钱这一事实才存在的。如果公司有比较错综复杂的目标,这种简单的管理工具就不会存在了。①

而且,还要重申另一个主题:尽管存在这种管理工具,但完全依赖它却是不安全的。然而,审计工作确实能改进顶层人士的控制,就像朝廷的都御史改进了皇帝的控制一样。

还有另外一些机制可以广泛利用。如果工作的某个方面是日常事务,就可以让某人负责查看这种日常事务办了没办,而不必专门花许多时间去监察。我工作过的外事服务局有一套督察班子,就让普通外事官员做这项工作。据我所知,督察员不是精心挑选的,而且实际上,往往在完成了一趟巡视职责之后还回到固定部门中去。

他们的存在与高层外交问题毫无关系。然而,他们确实能保证低层的活动是统一的。这些外事官员个人是否都擅长做招待工作?使馆中的开支控制能使挪用资金这种事情变得困难吗?他们

① 设立总审计长是为了对联邦政府进行类似控制而做的一种尝试。对于会计业务,这种设置运行良好,但是一旦超出了简单账目,我们就只能得到某些公务员对其他公务员在做什么的看法了。

把密码藏好了吗？由于有督察员处理这类问题，他们的存在无疑使高层官员的日子好过些。

这一点或许还可以扩展一下。在第二次世界大战期间，有位从属于艾森豪威尔总部的中校，他唯一的职责是周游欧洲，拜访各个情报机构，检查他们是否精心保存了他们的机密文件（这些机密文件使他们受到整整一个步兵营的保护）。这显然需要某种监管，否则，他就可以直奔巴黎快活去了。但是监管的工作量并不大。那么，或许可以把许多简单的任务分派给那些擅长日常工作、本身工作易于监管、工作量又有限的那些人们去做。

这类工作中的一个特殊情况是办公室主任（chief of staff）。这是一项从军事活动中发展出来的工作，但也是到处可见，在政府部门中比在营利性企业中更常见到的情况。有了办公室主任，许多日常活动都经他的手进行安排，顶层人士就能有更多时间处理政策问题。尽管是这样，资深人士仍然必须对这位办公室主任给予一定程度的监督。

另外两种情况看来相似但并不是一回事。其一是，有着各种兴趣却不愿直接管理比如说后宫女眷的专制君主们，常常会任命一位主管来管理，主管成为君主们监管的唯一官员。这无疑意味着，政府处于这个等级制的一人之下，而统治者对这个等级制的控制会比他不利用这种捷径时的控制少一些。但是，他也确实可以有更多时间与妻妾相处。

另一个相似的情况指的是高官为指挥官充当替罪羊的情况。海军舰船的指挥官（舰长）就是舰上全体人员忠诚的核心，而在船员们碰到各种险恶事件时，如必须执行有难度的规章制度，他们就会把怨气出到行政主管（大副）头上。这并不是说，行政主管（大副）不必认真执行监管，但确实意味着，舰上人员的士气要比舰长亲自强制推行有难度的规章制度时好。

读者可能已经注意到，这些可能的结构改革是值得做的，但是这些改革并不能解决根本问题。控制程度沿金字塔逐级下行时逐步减弱仍然是事实。利用改革后的结构，还有两个方法会带来同样一些小的改善：放弃实现全面控制的企图，还有制订比较有限的目标。在人们的目标比较适度时，这些方法也会有用。

在下一个例子中，我们要把下达给下级人员的命令分为两类：(1)长久的命令（我们想让下级随时随地做的事，或是在发生了某种意外事故时做的事）。(2)解决具体问题的命令。换句话说，前者可以看作是一般的规章制度，而后者则肯定是具体命令。

如果同样的命令存在了一段时间没有改变，人们就会比较容易理解这套命令。而且，这也比较容易查出他们是否遵守了这些命令，因为你可以随时抽查。例如，某个办公室得填写一份报告，而这项工作应该每天完成，你可以抽查其中百分之一天数的报告。[①] 抽查肯定能改进上级官员控制下属的程度，但是还要再说一遍，一定不能夸大抽查的作用。上级官员还必须与下属沟通思想，并且要检查他们的下属执行长久命令和临时命令。这种作用有效，恰如其分，是因为有一些例行规定。有了例行规定的保障，上级官员就可以利用抽查进行更好的控制。而且，他们还能节省

① 在夏伊洛战役之后的第二天，哈勒克曾解除了格兰特的指挥职务，因为格兰特未能将前一天的晨报归档。林肯重新任命了他。

用于监管的时间。这个事实表明，他们对组织结构中的其他部分也有了更多控制。但是，还要再说一遍，控制范围的问题在这里尚未得到完全解决。领导者必须拿出一些时间来制订例行规定，并监督这些规定的执行，这样，在他们的控制之下径直执行变了味的政策规定的人员数量才能减少。

我自己的经历表明，上级官员要适应这两类不同的活动是有困难的。实际上，有些纳入规章制度的事情常常不一定意味着它会长期不变。纳入规章制度可以只是为了强调一个暂时生效的命令。而且，根据经验大致可以断定，谁都不会把废弃的命令删除。因此，你就有了数量多得数不清的公文，而其中只有几页是真正有效的。

那么，从某种意义上说，这种规定本身就带有无效性。如果上级官员拿出适量时间，经常改变例行规定，使这些规定总能符合上级的意愿和目前情况，那会耗费大量时间。然而，如果他们不费这个时间（这是一般遵循的做法），那就意味着，这些例行规定给了下级官员许多自己决定执行哪些规定的自由。[①]

例行的规章制度尽管有用，却并不能完全解决控制中的问题。还有一对组织手段可以有些帮助。这包括在进行结构设计时，对中级管理人员施加压力，要求他们执行上级管理人员的愿望，然

① 1948 年，我第一次到外事服务局工作时，我们有两卷“规章制度”，而我的上级和其他在那里待了一段时间的人对此都相当不快，因为先前本来只有一卷的。到 1958 年我离开那里时，已经有 12 卷或是 15 卷这类规定了。这些卷宗被保存在行政管理部门，而不是使馆的高级官员可以方便地找到它们的其他地方。据我所知，它们实际上只对使馆的财会部门有用处。外交活动本身并不适用于这类规章制度，但是尽管如此，我认为，一套简短的符合最新发展的规章制度还是会使华盛顿的人士能比较轻易地了解，他们能够对各个使馆施加什么样的控制。

后，假定中级管理人员也能对下级施以同样的压力。显然，只有在中级管理人员比我们上面所说的简单控制更容易控制时，这种做法才能解决控制范围的问题，而且有几种办法可以进行检查，看看事情是否是如此发生的。

我们曾把核算说成是控制公司中低层的一种方式，因为公司的目标就是赚钱。有时候，类似的简单激励结构也可以用于政府机构，或是公司中难以用钱来衡量产出的部门。例如，每遇法律争端，公司都会要求法律顾问对结果做出评估，并提出“庭外和解”建议。如果有多个案子，就可能对法律顾问的判断做出统计结论。如果这位法律顾问是个好律师，公司通过法律程序获得输赢的案子，应该大致与合理建议进行“庭外和解”的案子数量持平。

但是请注意，使用统计方法需要对公司的法律顾问有一定控制，因为如果法律顾问在法庭上的法定表现不佳，胜诉案件的数量可以总是处于较低水平，由此提出慷慨的和解建议就成为合理的。这种问题通常得由外聘律师接手案子得以解决。由于律师有一个职业(functioning)市场，即使不问你公司的法律顾问，用别的办法了解各位律师的本事也并不困难。

但这显然只是个近似的方法，而不是个精确的方法。再来看另一个例子，在越南的死亡统计(body count)。有关的报告得到了负面反应，部分原因在于陆军的这项工作做得太糟糕，还有部分原因在于大多数反对越战的人不愿想到杀戮这种事。[①]

---

① 当然，这只是指美国人进行的杀戮。他们中的许多人都为“越明”(Vietminh，越共领导的越南游击队。——译者)打气。

但是，把这种情感上的拒绝理由置于一边，美国陆军确实没有刻意使这种统计达到精确，而且，其实显然还希望这些数字被夸大。不过，把死亡统计与我方的资源损耗合并考虑，一场战役一场战役地算，就有可能了解指挥这些战役的下级军官的能力。显然，你还是得有相当多的战役数量才能对某个军官的表现做出判断。但这在越南不是什么大问题，因为小打小闹的军事行动几乎连绵不断。

在这两个例子中，数字标准不像普通公司中通过核算获得的衡量标准那么好用。我们还必须记住，核算指标远不够完善，但是，我们还必须试着利用它。

然而，我们应该告诫那些想把这些办法推向一般化的努力。俄国人没能为他们的经济提出适用的成功指标只是一个例子。一般来说，任何政府机构如果想要省钱的话（只是它极少这么想），只要它停止活动就可以轻易做到。

用中断所有的巡逻活动来省钱的警察局不会有效地发挥作用。[①] 如果工作人员的数量离需要的数量差得很多，结果大概就只能是无效率。你可能在统计什么事，你的下属会把你统计的东西最大化，不论那是什么。如果那离你的实际要求有差距，在本质上，你就是给他们下了指令，让他们去做与你愿望相违背的事。

在朝鲜战争期间，我们心理战部门的那些笨蛋中有人决定，他

---

① 很久以前，海关因预算被削减而解雇了每个单独海关的验关员和不止一个办公室的雇员。即使对于联邦政府，这也做得太过分了，对此事负责的公务员被调离——没被解雇。

们要在一年内用飞机向朝鲜撒十亿份传单。快到那年年底时，传单的实际尺寸缩小了。最后，他们的传单只有邮票大小。很显然，这样的宣传绝不是那个规定最初数字的人心里想要的。

任何熟悉官僚体制历史的人都能找出许许多多的事例。当统计方法将导致无望的扭曲时，资深官员对利用这种方法有太多的感触。但是，在不该用统计方法的时候还是在用；相反，在该用的时候却不用。这是一项非常专门的技术，只应该用于特别限定的环境，但它确实可以改进高层的控制。

给低层官员压力让他们去向他们的下级施压的第二种方法，不大涉及控制结构的范围，而是把工作分配给基本上做同样事情的多个部门。这样容易进行比较。因此，遍览历史，差不多所有政府都是按地域组织起来的，而不是按职能。罗马某省的执政官，具有与罗马其他省的执政官差不多一样的任务。产出结果的比较就相对简单，尽管可能仍然困难。在中国，县官通常就是中央政府在某个县中唯一的雇员，他既是首席工程师、收税官、警长，也是法官。中央政府主要关注的是两件事情：他收到的税，还有出现的暴乱或是公众表达的不满。[①] 如果他收的税额落后了，或是发生了任何公众暴乱（很可能就是因为税收），他就会被解职。这种做法是简单的，也是相当实用的。

这种做法使政府很难完成它想做的其他事情。他们使用非常宽的控制范围，大约 1∶10。但是，有这些县官作为中央政府最低

① 督御史一般都不管县长，让他们自行其是。如果他们离开了省城到访县城，他们或许会不只对税收和暴乱感兴趣。

层的正式官员，而且这些县官至少在两个可测度的方面承受着巨大压力，这个事实意味着，中央政府会在很大程度上忽视其他地方事务。换言之，中国过去只有大约两千个县，[①]而政府的直接控制到县就终止了，而不是控制到三亿中国人个人。这种做法之所以起作用，是因为这两千位官员居于相似的职位，容易进行比较。

这种做法起作用的另一个原因是简化政令。每个县得到的命令同其他县得到的几乎完全一样。[②] 从某种意义上说，控制范围的规划做得很巧妙，但并非无所不包。而且，正如我一直强调的，它严重依赖于国家对地方事务只控制几个方面的愿望。

在本章中，我们在你打算获得完善控制的假设下，讨论了用改变控制范围应对控制程度沿等级制向下缩减的办法。我推测，读者已经意识到了一个事实，就是我们尚未解决这个问题，尽管我们的所有做法都可以使控制变得容易一些。那么，重要的是，首长们要意识到，他们没有办法也不可能在低层实施完全的控制。完美整合的、充分发挥作用的官僚体制是一个神话；人们只是应该努力使事情做得尽可能好一些。在下面的几章中，我们将讨论控制一个显然不完善的官僚体制的问题。

---

① 这要看是哪个朝代和什么时间。

② 县的所在地通常有相当精心规划的灌溉水系的各个部分。在这种情况下，有更高的官员处理灌溉水系的事务，但是县官至少会被期望予以配合。幸运的是，传统中国的这类活动每年没有多少变化。尽管如此，综合利用税收与无暴乱的标准，对于衡量县官的效率是个合理的良好尺度。

第七章　白蚁

很久以前，我写过一部稿子，题目是《无命令协调：昆虫社会的经济学》（*Coordination Without Command：The Economics of Insect Societies*）。如果这部稿子出版了的话，它会是社会生物学领域中的第一本书。O. E. 威尔逊和他的朋友们有一种要从动物社会为人类吸取教训的倾向，这导致社会生物学成为一个有争议的学科。我并不认为我们应该模仿蚂蚁和白蚁，而且我还婉转地取笑了一位动不动就大谈蚂蚁的专家。或许我原本可以给社会生物学一个更好的开端，尽管威尔逊对昆虫社会的了解要比我多很多。

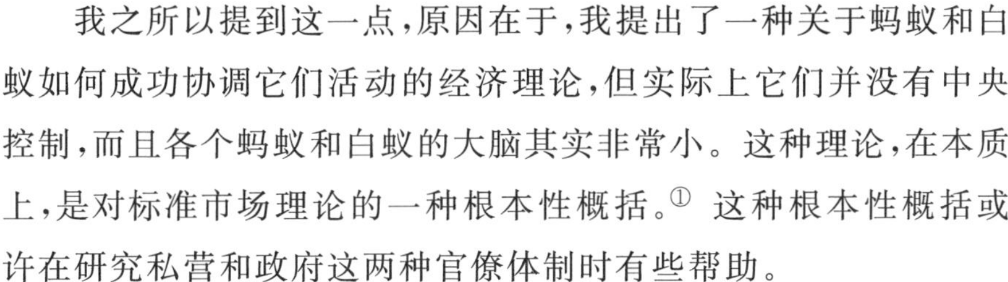

我之所以提到这一点，原因在于，我提出了一种关于蚂蚁和白蚁如何成功协调它们活动的经济理论，但实际上它们并没有中央控制，而且各个蚂蚁和白蚁的大脑其实非常小。这种理论，在本质上，是对标准市场理论的一种根本性概括。[①] 这种根本性概括或许在研究私营和政府这两种官僚体制时有些帮助。

我假定蚂蚁和白蚁的偏好结构非常简单。例如，某只白蚁的

① 我在《科学研究的组织》（*The Organization of Inquiry*）（Durham，N. C.：Duke University Press，1965；Lanham，Md.：University Press of America，1987）一书中还有涵盖科学的另一个根本性概括。

效用函数与我们的不同，其中只有数量有限的简单的直接的自变量。只取其中的两个吧——白蚁“想要”食物和一个修葺得相当好的巢(这个巢的一部分与它有着直接联系)。这两种愿望都受到边际收益递减规律的制约。如果白蚁要使它的满意最大化，它[①]要么寻找食物，要么修葺巢穴，取决于它对哪项活动有着最为迫切的需求。

在实际活动方面，我会假设白蚁的偏好函数中有 10 个或 12 个自变量。不过，这只白蚁还打算使这个函数最大化，也就是说，这些自变量中无论哪个碰巧在那时具有最高的边际效用，它就会去做那件事。因此，如果这只白蚁碰巧在一个巢穴的失修部分而且刚刚吃饱，它就会去修葺巢穴。然而，如果它所在的巢穴修葺良好而且它饿了，它就会去找食物。

不必说，实际的行为模式要复杂得多。因此，偏好函数也必然同样复杂。但是这种方法能够解释，如果偏好得到了合理安排，分散化的决策方法如何能导致高度协调的行为。[②]

立刻就可以看出，通常关于市场方法的讨论是同类事物的另一个例子。我们假定人类的偏好函数中有许多自变量，所有的自变量都受到边际收益递减规律的制约。因此，人们往往去做最迫切需要做的事。人与白蚁的根本区别在于，人能够利用间接措

① 或她。白蚁与黄蜂科成员如蜜蜂和蚂蚁不同，白蚁的工蚁也有雌雄之分。白蚁有蚁王和蚁后，而非只有蚁后。鼹鼠是一种群居的哺乳动物，它们和黄蜂一样，只有雌性鼠后和雄性工鼠。

② 在蚂蚁和白蚁的王国中，都有少量通过释放各种化学物质进行的中央控制——在蚂蚁中来自蚁后，在白蚁中来自蚁王夫妇或王族。然而，这些化学物质只能控制这些昆虫全套行为中的很小一部分。

施来满足自己的偏好。如果我们发现前面的便道失修，我们极少会放下手头正在进行的工作，马上开始修便道。通常，我们会去做一种能让我们挣到钱的别的事情，再花钱雇个人来修便道。然而，正如我说过的，这两种做法有一种亲缘相似性（family resemblance）。

然而不仅市场如此。公共选择理论假定，从事政治活动的人们也以这种方式行事。政治家们受到使其偏好函数最大化愿望的激励，并有意采取相当间接的行动去实现那个目的。选民们也做同样的事。人们的根本区别在于，偏好函数不同，产生直接或间接满足那些偏好函数结果的能力也不同。

然而，在蚂蚁和白蚁中，如果我的理论是正确的，那么它们的偏好在很大程度上是相同的，除非这种特殊的昆虫碰巧有一种种姓制度。在种姓制度下，每个种姓中的偏好是相同的。[①]

我认为，官僚们的行为也是这样。他们从事各种活动，以使他们的偏好最大化；他们观察外界环境，并直接或间接（在人类中）从事旨在使环境与其愿望更相符合的活动。在这种根本性的概括水平上，一只白蚁看到它进出的通道不平整了，就停下来修补通道，这种行为在很大程度上与官僚的行为是一样的。官僚因担心自己部门下一年的预算被削减，就制造一个小危机，有意防止出现这种情况。

离题说到此处的关键，是要强调，不用简单下命令的办法，其

① 所有种姓中至少还有雄性和雌性，许多种姓都有不按性别划分职能的工人阶级。

实我们也能够控制官僚和其他人。我们改变他们的环境。我不是说，命令就不能改变环境。实际上，我自己过去就是个官僚，在一个政府部门工作，那里出差的命令有时候可以最彻底地改变我的环境。

命令并非是可以改变环境的唯一途径。对于大多数人来说，环境中的最重要部分是其他的人，而且他们不一定就是你的上级。即便是你的上级，他们可能也会选择用某种间接的方式改变你的环境，而不是简单地给你下道命令。

由正规警察支持的规则，在官僚体系中可能是重要的。在写作本书的时候[①]，美国能源委员会的管理人员发觉，仅因为他们是联邦政府雇员，并不能保护他们不受联邦调查局的调查。[②] 因此，组织大规模结构的人除了直接命令，还有一些可供替代的选择。遗憾的是，这些替代选择，尽管在许多方面是高效的，却也都是难以精确操作的。

改变人们的偏好，让他们去做组织负责人想要干的事，这也是可能的。军事组织总是对他们称之为“士气”的事情给予很多关注，在本质上，士气是一种心态，会使战士们的行为与我们平时见到的完全不同。在现代战场上各个作战单元广泛分散的情况下，士气特别重要。

市场是一种中间状态。通过提供一套奖惩办法，市场调整人

---

① 1989年6月7日。

② AEC公司在落基平原(Rocky Flats)工厂的管理层因未能处理好放射性废弃物的排放而受到指控。我对这些指控是否属实一无所知。

的直接个人动机以符合等级制顶层的意愿。比如在美国，大多数高层行政管理人员的工资都以这样或那样的方式与他们主管的某个业务部门的绩效挂钩。这些奖励办法存在许多问题，我们将会在下面予以讨论。不过，它们却是调整环境以使个人在没有直接命令的情况下，做你想要他做的事的例子。

或许，从偏好函数和调整偏好函数的努力开始来讨论改变环境的问题更容易一些。调整偏好函数极为困难。所有共产党国家都竭力造就新型的苏联人和古巴人。在各种情况下，一旦压力缓解，这种做法的失败就显现出来。俄国大规模欢迎入侵的德国军队就是一个例子。[①] 在戈尔巴乔夫领导下，出现了对共产主义制度的严厉批判高潮，则是另一个例子。

本章的写作正值波兰首次大选结果公布之后。波兰共产党给人留下的明显印象是，它在对波兰人进行思想灌输方面取得了成功，做成了一笔交易，尽管这绝不意味着一次自由选举，但还是给了团结工会某些权力。这个结果对于波兰共产党是个灾难——即使在没有反对党派的选区中，他们也还是没有能力使自己的候选人当选。

但是，即使这些方法已经失败，也还有其他方法在起作用，至少在大多数时间中，在没有太大压力的时候是这样。这些方法的设计者得到妥善建议，以保证：首先，对由思想灌输形成的偏好不能施加过大压力；其次，利用奖惩办法，使环境中产生某种减少紧

① 随着时间推移，德国人自己失了人心，但是，大量俄国人选择了随德国人逃走，而不是留下来迎接红军，这仍然是事实。

张的因素。斯大林懂得这一点。在斯大林的苏联、卡斯特罗的古巴，到处都在用精心设计的办法惩罚违背党纪的人。总之，共产党人强调得更多的是大棒，而不是胡萝卜。

其实，在苏联，还有波兰，出现当前的困难是由于惩罚机制已经失去了作用。高层官员本身已经忘记了怎样利用惩罚，也没有及早调动军队和秘密警察。伊朗国王的下台出于同样的错误。

冷酷镇压几乎可以压服任何集团，还可以很顺利地取得许多让步。然而，让步与镇压之间的更替——那曾是伊朗国王的政策——是非常危险的，特别是，如果实行的镇压相当轻微而且前后矛盾，恰如伊朗国王的做法，情况就更加危险。[①]

但是，这是对奖惩办法的讨论，而不是对改变偏好或是更一般的环境建设的讨论。文化不同，偏好确有不同；而大多数政府都会下大力气向他们的臣民灌输他们认为是可取的偏好，而不论那是什么。中华帝国恐怕是存续时间最长的例子，可以上溯到两千多年前的秦朝。通过教育制度（通过考试，他们并不直接控制学校）灌输一种精心思考形成的哲学和政府理论，这在总体上非常有效。[②] 然而，值得注意的是，尽管理论上反对腐败，但几乎所有的官员都搞腐败。

例如，看看《福善全书：17 世纪中国地方官手册》（*A Complete*

---

① 在伊朗国王被推翻之前，他曾在两年中要求国际红十字会干预，以防止他的秘密警察折磨嫌犯。红十字会的工作并未马上有效展开，但是在他被推翻前的 18 个月中，几乎没有人受到折磨。这是不错，但是很危险。

② 正式的考试只有大约一千年左右的历史，但是更早时期的选拔，依靠的是大致相同的标准。

Book Concerning Happiness and Benevolence:A Manual for Local Magistrates in Seventeenth-Century China)[①]吧。这本厚厚的书,已经有过许多个版本,是中国县一级官员的标准行为指南。它并没有提出任何直接的腐败建议,但是却讨论了扣留向省政府所缴税款的各种方法。它也抱怨除县政府首脑外官员们各种明显的腐败行为。可以推测,这本书的读者没有该书的指导也能够自己去搞腐败活动。其实,如果作者真的对这个话题提出了什么建议的话,他定会没有好下场。

再说一遍,惩罚无疑是有效果的。官员的职责,特别是都御使的职责,包括就皇帝本人的行为向皇帝进谏。这是个危险的任务,特别是,由于批评皇帝的奏折,在结尾处形式上都要有因启奏者的大胆冒犯而处决他的请求,就更加危险。皇帝有时候会"恩准"这种请求。

另一个例子是,明朝晚期一位没有多大本事的皇帝——万历皇帝,他一心想立宠妃的儿子做皇储,而不立他的长子。这件事在大臣中招惹了太多非议,以致他不敢这么做,尽管他违反了为皇帝行为制订的许多其他规矩。

在现代结构中,类似的灌输是正常现象。如下力气向人们灌输邮局的政策或是史密斯超市的政策;再如我们的社会作为一个总体,有着向人民灌输道德规范的相当强的习惯做法。

现代教育家们声称,谁都不应该把道德规范强加给人民,但是

① Huang Liu-Hung 著,Djang Chu 翻译并编辑。(Tucson:University of Arizona Press,1984)

唯一改变了的事情是他们强加给人们的道德规范。从“同性恋人太坏了，坏得让人说不出口”到“你可不能批评同性恋人，他们有权利按照他们选择的方式生活”的转变，就是这种道德体系性质上的一种变化，而不是对道德说教的放弃。

人们常常执行这些改变了的或是强加的偏好，而这对他们没有好处。有一回，我们读到一条消息：有人拾到了一大笔钱，可他没有私下揣入腰包，而是随后将钱送还原主。可见即使骗人容易，也并非所有人都会去骗人。[①]

所以说，组织的首长通常对其下属的偏好函数只有少量控制。首长与下属都在其中活动的这个社会，控制会多一些，但是再说一遍，并不是完全的控制。这可以使建立一个等级制容易一些。

我们现在回到改变环境的一种方法，好让个人在没有具体指示时也能去做正确的事。关于这点另一面的例子是，当实际上无须遵循指示时，个人仍然服从指示。

经济学全部精心打造的机制可以描述为：人们受到“看不见的手”的引导，为他人的利益而工作，这不是因为他们善良，而是由于环境被设计成这样，使他们自己的目标会由为他人的利益而工作得到最大的满足。正如亚当·斯密所说，面包师向我们提供面包，不是因为他心里想着我们的利益，而是因为他想着自己的利益。当然，这种环境协调并非完善。垄断者也要对其所在环境做出

① 要是这么做很容易的话，人们能够得出的欺骗的数量有据为证。请见理查德·麦肯齐与戈登·塔洛克合著的《经济学的新世界》，关于“欺骗、撒谎和诡诈”一章。(Richard McKenzie and Gordon Tullock's *The New World of Economics*[Irwin] chapter on cheating, lying and fraud)

反应。

尽管自由发挥作用的市场是环境协调动作的一个例子，但是人们并非自发形成了高效的市场。从历史上看，还有许多社会信赖其他为人熟悉的制度。市场不可能被独自留下来按它希望的样子去发展。如果我们想充分利用市场，精心设计加上定期轮换就是必要的。不幸的是，历史上的大多数政府都没有充分利用市场，而它们对市场过程的干预也常常是不合理的。这并不意味着，市场可以自己完善运行。

市场中发生的事情就是——我的行为改变了他人的环境，如果我表现得当，如果制度良好，环境就会引导他们去做有利于我也有利于他们的事。市场不是发生这种协调的唯一地点。如果史密斯超市在图森开了一家新店，这立刻就会改变许多人的购物环境。史密斯超市恰好管理得不错，而且打算让这个新店赚钱，但是它的成功取决于它在其中经营的环境，也取决于其他人的态度。

环境协调的概念，在谈到市场时不常提到。通过在这里对它的讨论，我提出了一个有点不同但仍然不够完善的标准解释，正如经济学家们会意识到的那样。

人类有一个相当精细的偏好函数，加上相当强的计算能力，人们就有可能利用间接手段去满足他们最迫切的偏好。然而，就像白蚁，人们的行为受到直接市场导向的协调，实际上，他们观察自己周围的环境，经过计算后采取行动去满足自己更为迫切的需求。①

---

① 白蚁并不进行计算，而是直接行动。

当然，由于人的大脑比白蚁复杂，人们心里可能有一大堆需求，并打算根据每一种的相对迫切程度采取行动，使这些复杂的需求实现最大化。例如，接受一份工作，就提供了满足偏好函数许多不同自变量的机会，而就业者也了解这一点。尚不能确定白蚁是否能够进行这种复杂推理。

不过，如果我们来看一个纯粹的市场，比如说，有一伙农民在里面相互进行交易——这种情况，即便在今天的一些未开化地区也仍然可以看到，而在过去则是占主导地位的交易形式。我们很快就认识到，农民的行为是在努力使他们自己的福利最大化，他们的做法与白蚁的那些做法非常相似，尽管白蚁从不进行直接交易。①

从这种直接交易过渡到现代社会中各种复杂的间接贸易形式，个人的以市场为主导的活动还是可以从环境上进行协调的。史密斯超市要不要进某种热带水果，取决于这家超市对其环境中一个重要方面的估计，即顾客的爱好。购物者把购物环境看作是指导他们行为的一个重要因素。

买卖“双方”都把对方看作是环境部分，而改变环境进行协调是为了得到长期的好处。这一点与白蚁巢之间的区别在于，偏好

① 在白蚁和蚂蚁中，都有把食物在它们的不同部分之间转移的情况。这可以看作是一种交易，但非难度极大的精神体操不能想象。如果有人看到，一只蚂蚁从外面寻食回来，而它的粮仓已装满食物，满足了主要在巢内工作的蚂蚁的需要，他就会看到，它们轻轻碰碰触须，然后，寻食的蚂蚁将把一些食物反胃吐出给别的蚂蚁。带回食物的蚂蚁用食物“支付”触须的碰撞——从这个意义上说，这可以称为一种交易，但是我认为，要把触须受到碰撞看作是返回的蚂蚁效用函数中的一个自变量，则更为准确。根据这个自变量，为其他蚂蚁送去食物是件积极可贵的事。它放弃了自己消费食物的好处这种偏好，而选择了最紧要的事。

函数复杂得多，而且人类进行复杂计算的能力远超过白蚁。

环境协调的出现不同于买与卖的直接市场活动。大型组织的内部结构也可以被看作是环境协调的一个例子，当上级发布命令并对下级使用“胡萝卜加大棒”的时候，更是这样。如果我向一位下级承诺，完成任务奖励他，完不成任务解雇他，我就改变了此人的工作环境。那么，他显然可以选择，要么完成任务，要么离职走人。[①]

这样来谈环境协调是否合适，是个可以讨论的问题，但是环境的有些部分不会服从上级的直接命令或监管，这在组织内部是重要的。首先，简单的物质条件差异可以使某些行为容易些，而另一些行为困难些。所有公司都设置了物质条件方面的障碍，使员工难以偷东西。

甚至办公地点也可以对个人行为产生很大影响。这个地点影响你能见到的人，也影响你通过信息渠道接收到的信息流。为个人提供的设备可以决定性地改变他的生产率，而思想氛围也能起作用。

使用的核算标准也是重要的。俄国人使用非利润导向的核算标准在多年中深陷困境。正如前面提到的，尽力使用物质的“成功指标”导致了所有这类严重困难。《鳄鱼》(*Crocodile*)画刊中的一幅漫画表现了一家制钉厂的情况：根据以重量论成功的指标，这家工厂在一年内生产了一颗巨大的钉子；次年改用钉子数量为标准，

① 隆美尔，在还只是一个连队的临时指挥官时，有一次曾给一位排长选择：要么服从命令，要么被当场击毙。这极大地改变了那位排长的环境。(见德军战地司令官隆美尔所著《攻击》(*Attacks*)一书[Provo，Utah：Athena Press，1979]，第 67 页。)尽管出版社标出了隆美尔的最终军阶，但在他写这本书的时候，他是中校。

这家工厂生产了数量巨大几乎用显微镜才能看得见的小钉子。

环境协调是描述市场中或公司里所发生情况的一种办法，这个事实确实具有一些实际后果，因为它反映了我们看到的组织类型。不同的组织类型范围极广，我们没有看到有哪一种方法是在不同领域中组织经济体都最有效的。

在完全为自己工作的个人之间，确实存在着少量纯粹的市场交易。[①] 这里就有了纯粹的市场环境协调。这些年来比较常见的是，人们加入到某个大型组织中，不论是美国政府还是宏碁硬件公司的特许授权经营商店。[②] 这类组织的范围绝对巨大。公司的组织内可以是高度集权的。一个例子就是日本的即时(Just-in-time)汽车生产厂。[③] 亨利·福特拥有大概是最大的高度集权的组织结构。在他那庞大的总装线上，每个人都必须准确按规则行事，否则总装线就会停下来。[④]

我稍微参与了艾奥瓦州一家小型制衣公司的事务。公司的大部分员工要么裁剪布料，要么把不同布片缝制到一起。这些活动必须与销售紧密协调，因为我们的成衣有许多不同的式样、型号和颜色。这种协调首先由一部电脑进行，但是高层官员可以否决这部电脑的决定，而且有时候也的确这么做。不过，在这个工厂中工

---

① 有一个例子。我以前认识的一位律师有个客户，是个小型机械发明家。这位律师尽管有一位秘书，却是自己经营的，而那位发明家主要靠灵感从事发明，也没有雇用许多助手。

② 我们还记得，在这种情况中，授权经营是倒着进行的。商店的“店主”拥有那个授权经营的组织。

③ 这种特殊的方法目前已经拆散为许多次级承包合同。

④ 有许多大型的生产活动几乎严格地以同样的方式运行。

作的个人总会得到一些具体指示，说明要剪裁什么布，或是哪两片布要用哪种针法缝制到一起。①

在这种情况下，协调采取了指令的形式，说明哪种工作材料要放到缝制工手边，它该如何处置。在大多数情况下，缝纫机的操作者接收的不是口头的或书面的指令，而是几十块一大堆要缝制到一起的布料。②

许多组织在发生不可预见的紧急情况时就会出现环境协调。在紧急情况下，有关人员可以按照他们先前接受的训练做出反应，但是事情来得太快，他们无法接到正式指令。

这可能是敌人来袭击某军事单位，也可能是工厂中的一部机器突然出现故障，还可能是某个办事机构潜在工作量的突然大增。在所有这些情况下，环境协调往往会在很短的时间内被来自上面的直接命令所接替。但是，也还会有一段个人根据环境，包括其他人在做什么，做出自己决定的时间。

从前，当灭火还是由消防署的志愿者来做的时候，没有任何中央控制，人们也会见火而起，立刻开始汲水救火。有人认为，这是不同的独立消防公司进行的一种竞争，试图用彼此竞争来树立公

① 实际上，使用专用缝纫机的工人预先设定了针法。通常情况下，一个工人总是用同一种针法缝制，因为他/她的缝纫机只有那种针法。电脑把工作分派给适合的工人，也告诉这个工人要做什么。

② 这种听起来是较早的一种无效率的方法，而且在工厂中看起来也是无效率的方法，来自在纺织品行业必须具有的非同一般的灵活性。制衣厂为零售商掌握库存，而零售商只定购能马上销售出去的少量不同型号、颜色和式样的成衣，而不保有自己的库存。在这样的情况下，长期用机器生产某种型号、颜色和式样的——比如说，短裤，就不如这种短期大量生产的做法经济了。现时，对于这个行业，没有哪部机器能接近于人的灵活性。

司声誉。[1] 然而,火势、水源,以及其他消防公司的位置,都是到达现场的消防公司的主要考虑,与中央控制无关。

我不是在强调说,这是一种理想的做法,但是,蚂蚁和白蚁的也都不是。然而,蚂蚁和白蚁没有其他选择,它们的做法是它们唯一能有的做法。人却可以利用其他安排——例如,为市场提供"胡萝卜和大棒"。只有在环境起决定作用的地方,个人才能接受环境协调。他们会在那里得到奖励,也会在那里倒闭破产。但是,我们也能够利用像军队中那样的中央集权指令。

大学是环境协调的一个近乎完美的例子。一旦某位教授得到聘用,并享有终身教职,大学就几乎不能控制他了。确实,要调查这位教授在教什么,那就是大学违背道德规范了。实际上,患有轻微精神病的人也是允许继续执教的。[2]

大学中这种道德的强度,可由另一种有点奇怪的环境得到最好的展示。当我还在南卡莱罗纳大学执教时,商学院与一位在哥伦比亚市商业区执业的会计师签订了一份合同,请他来教一门税务会计学。一天上午,他没在课堂上露面,他被抓起来了,因在个人纳税表上做手脚而触犯了所得税法。

① 应该指出的是,汲水这种事,靠的是人的肌肉,因此,它也是一种体育竞赛。

② 在学科目录中规定的主科是要求完成的,但是,我至少已经知道两例,教授们得出了"主科并不真的重要"这样的结论,而干脆去教其他主科中的课程。有个例子是,一个保守而又有点儿疯狂的教授决定,尽管统计学中的标准课程无疑是最基本的内容,但还是应该用他写的另一门课程来替代,而这门课程除了他自己还没人弄明白过。

另一个例子发生在1960年代后期的不愉快时期。一位教神经生理学的教授完全跑了题,只与学生讨论政治。由于他给所有学生A的成绩,这门课程极受欢迎。

这两个例子中的个人都未被解聘,也未受到任何纪律处分。实际上,第一个例子中的教授最后还被授予了荣誉职位。

第二天，我与其他几位教职员，包括他在商学院的顶头上司谈起，系领导还没有采取措施解除此人的授课责任。系领导一听到有人建议他对这件事做点什么就发火。我们不知道他会不会给那个人在押期间支付薪水，而最后结果是，那人只是缴了罚款，并继续执教直至合同到期终止。被捕是不是解聘的理由，这在起草合同时是不常考虑的一个偶然事件。但是，系领导的发火表明了几分道德的驱动力。

那么，不管教的是什么，是什么在让教授们执教呢？他们从环境中得到了大量的暗示，他们也遵循这些暗示。他们肯定没有受到“胡萝卜加大棒”方式或上级命令那样强硬的控制。然而，环境协调就够强硬的了，足以使许多教授无法意识到他们到底有什么自由。

学术生活的另一个方面——研究，也是环境协调的一个鲜明例子，尽管在这里，环境协调因有些“胡萝卜”得到了增强。我向一家杂志社发去一篇文章，无论他们发表还是不发表这篇文章，我对那家杂志社都没有任何控制，而它对我也没有直接控制。如果他们发表我的文章，各方人士都能读到它，可以认为它好或不好。显然，这是个环境因素。然而，大学把我已发表的文章数量，以及发表这些文章的杂志社的声望，看作是决定我薪资水平的依据。通常情况下，聪明年轻的教职员常受到耐心开导，要少把注意力放在教学上，而多把注意力放在写文章上，才能在学术界出人头地。

环境协调可以导致坏的表现，也可以导致好的表现。其实，所有群居的昆虫都受到各种环境协调问题的支配，导致它们死掉和整个巢穴被毁。某些环境可以导致蜜蜂、蚂蚁或白蚁对环境刺激做出破坏性反应。当然，如果这种情况经常发生的话，那个基因组就会被进化消灭。

同样的情况也适用于人类。我认为，环境协调在学术环境的例子中才“刚刚生长”，但在许多别的例子中，环境协调已经得到精心设计和实施。我们不该把环境协调看作是一种解决方案，也不该把“胡萝卜加大棒”或直接命令的方法看作是理想的。正如许多国家在过去已经发现的那样，人们能够因与国王的利益对着干而赢得巨额奖励，而严格服从命令偶尔也可以给下命令的人带来灾难。

第八章　总图

让我们来看看随便哪个社会。我们发现，社会中许多有可能相互交往的人之间并不存在联系，例如，我和住在旧金山的任何人都没有任何联系。在确实存在的社会相互交往中，许多是非常随意的，而且没有维持多长时间；还有一些是比较重要的交往。在重要的社会交往中，有些是直接的讨价还价关系，用某种东西交换金钱、产品、服务等。

然而，还有许多长时间维系的关系，有这种关系的人随时保持彼此的联系。当然，许多是简单合同关系，就是你贷款买汽车时获得的那种关系，或是如我所做，与园艺公司签订合同时进入的那种关系。然而，在这种关系中，我们将看到，在一些情况下，许多人组合成固定组织，而且他们在组织内的关系也不是通过讨价还价形成的。尽管雇员随时可以辞工，而他的雇主也可以随时解雇他，但是在他们共同从事合作事业的时候，他们的关系通常并不集中在对每个单独步骤的具体讨价还价。有些非等级制关系也具有同样的特征。我曾提到过与我签约的那个花匠，我偶尔也会请他做点额外的事，或是对他做完的事发发牢骚。①

① 实际上，在这个例子中，我该说“他”还是“她”，并不明显。我原来是与此人的妻子签的合同，但她现在主要做监管工作。这夫妻两人换了工，明显的解释是，他们必须照顾一个新生婴儿。

我们要大大简化这个结构，开始讨论为什么我们看到了这些不同类型的组织。假定我们有个没有垄断和外部效应的社会，[①]而且由于我们现在并不讨论的一些原因，这个社会中的财产权受到维护。

自从劳动分工产生好处以来，我们就可以预见到，不同的人会生产不同的东西，并会进行交换。我们的经验表明，许多类型的活动存在规模经济，因此，许多活动中会存在大型等级制组织，同时在不同的规模经济水平上，也会存在各种规模齐全的小型等级制组织。有理由认为，这种类型的经营完全可以由只想使自己的福利最大化的人们很自然地发展出来，有人选择把许多别的人组织起来成立大型组织；有人选择到大型组织中工作挣薪水；还有的人则仍然做独立经营者。

在现存的公司中，人可以分为四类。首先而且绝对重要的一类是消费者，由于某种说不清的原因，在通常的讨论中往往把他们漏掉；其次是工人，而工人通常又可分为管理人员和非管理人员；第三类是处于顶层的人，他们经常被称为企业家；最后一类是投入资本的人。

第四类人为什么必须单列，没有必然的理由（intrinsic reason）。如果有人看看一般的美国公司，如果雇员们把自己的全部个人财富（他们住房的产权、保险单、汽车等）都投到公司，他们可以买下公司的控制权。如果他们不这么做，明显的理由就是他们厌恶风险。“别把你的鸡蛋全都放到一个篮子里”是民间的至

① 当然，许多经济学家把垄断看作是一种由外部效应产生的活动的例子。

理名言。

我应该顺便指出，还有由员工拥有的企业。这种情况在经济学文献中讨论最多的是律师事务所，但是律师事务所是一种与众不同的企业，因为它们没有多少非人力资本。近来的一个创新是当今的大型律师事务所，那显然是近些年来已经发展得异常复杂的法律的一个副产品。大型律师事务所拥有各方面的法律专家，因此，消费者无须自己去查找合适的专家。在法律比较简单而律师自己就能知晓全部法律的地方，这些大型律师事务所就是不必要的了。

另外一些员工拥有企业的例子大致可分为三类。一类是少见的情况：一个有钱人死了，把他的企业遗赠给了企业员工，这种情况通常持续不了多久。与此相似的几个例子是，公司本身运气不好，其大部分股权价值已经丧失。如果造成这种损失的原因是强大的工会，它迫使工资保持在均衡水平之上，那么，把公司转给工会可以是降低工资的一个方便途径。

最后一种情况极为罕见：公司实际上是在员工所有制下发展起来的。过去在美国西岸非常重要的胶合板合作社就是例子，但是它们像其他合作社一样，就要消失了。从所有者—经营者的立场看，这种合作社的根本问题在于，它们是高风险投资。倘若这些人愿意被一家企业雇用，却把他们的钱投到别的东西[1]上，那是可以理解的。

有些人确实开办了公司，把他们所有的钱都投进了公司。雷·

① 对于一般工人而言，这个别的东西指的是房子。

克罗克(Ray Kroc)*是个极端的例子,他在50岁时卖掉了自己拥有的一家小公司,并把这笔资金还有他自己的大量工作,一起投入了一桩肯定被看作是风险极高的赌博。当然,麦当劳取得了成功。大多数这么做的生意人,并不是太少,全都输得精光。我们真是幸运,在我们的社会中还有相当多的人愿意承担这种风险。

然而,在大多数情况下,资本是由另外一伙人提供的。他们并不真正受雇于企业,尽管某些高层管理人员可以拥有大量资本。

在家族公司中(有些这类公司仍然存在),有的低层管理人员可以是大部分股票的持有者。这些人是刚开始进入商界的年轻人,从头学起。

那么,看看这个世界,我们看到许多大型组织在从事,比如说,制造汽车和销售汽车。此外,还有许多个人完全在为自己工作,并处于所有的中间阶段。还有一些政府组织,但是由于(暂且)排除外部性,我们可以把它们中的大部分看作是不必要的。①

这些大型组织与外部群体的关系也是重要的。从某种现实的意义上说,消费者对于任何企业的效率扮演着一队警察的重要作用。只有当企业能够生产出产品,并能够以包括所有成本的价格卖掉产品,最好还能有所剩余时,企业才能继续存在下去。另一队警察是企业员工。企业必须支付他们工资,还得提供工作条件,这样员工才会想要留下来。

---

* 由于雷·克罗克投入资金,支持了麦克唐纳兄弟,才有了后来风行世界的麦当劳。——译者

① 财产的强制执行与合同的强制执行,按惯例是政府行为,但在这两种情况下,确实可以认为,存在政府行为的真正原因在于减少外部性。

最后,资本的提供者。企业必须让他们全都满意。在我们的社会里,资本的提供者通常区别于消费者和企业员工,但也可以与消费者或企业员工这两个群体中的任何一个相融合[①]。他们与独自工作的个体经营者不同,只要个体经营者愿意,他能够接受很低的个人回报。但是大公司可禁不起提供劣质产品或过高的价格,禁不起向自己的员工提供差于竞争者的工资和工作条件,也禁不起产生低于竞争者的资本回报。那么,大公司的经营活动就是受到相当严厉的纪律约束的活动。再说一遍,这不需要任何政府行为,尽管在现实世界中,政府也是重要的。

管理层必须做出决策,并执行这个组织总的方针政策。保证每个人都在努力工作并争取尽到最大努力的问题,正如阿尔奇安和德姆塞兹曾正确地强调指出的,最好留给剩余索取者。与此有关的问题是,任何人都可以是剩余索取者。在大多数美国公司中,公司利润分给股东,股东是剩余索取者,但是还有其他可能的组织。

工人拥有的企业就是个明显的例子,在那里工人们是剩余索取者,而我们偶尔也确实看到有消费者是剩余索取者的情形。消费者合作社是这类情况的一个例子。我们在前面曾提到一个相当独特的组织——宏碁硬件公司,单个商店是这家中央授权经营和批发组织的消费者,也是剩余索取者。在这些例子中,从法律上说,每个例子中的剩余索取者都是拥有控制权的人。

传统上有一种情况,单纯借钱给公司的银行家是掌握控制权

① 消费者拥有的合作社是我们的经济中不太重要的一个部分,但它们的确存在。

的人。1900年时的摩根家族就是一个例子。在那个时期，许多金钱是投资于银行的声誉，而不是投资于公司的声誉。然而，似乎很可能的是，银行家们根据普通股东掌握的股票规模自己做出决策。如果股票规模大，就值得给公司更多贷款；如果股票规模小，就不值得给贷款，而且最好把管理层换掉。

为什么在大多数情况下股东有解雇管理层的最终权利呢？在由管理层控制的企业中，并不是这样，但是在老企业中，管理层掌握控制权的情况比较少见。我认为，答案很简单。股东是一伙对公司情况了解不多注意不多，并能通过售出股票轻易摆脱公司的人，他们几乎是唯一一伙面对公司糟糕的经营状况不会不知所措的人。

公司经营不良的一个原因，有可能是它付给工人的工资过高，而工人们因此很难解雇管理层。同样，公司也可能对消费者要价过低，消费者也不会解雇管理层。管理层本身，几乎根据定义，很可能只会对自己的行为感到满意，而不会解雇它自己。除了偶尔更换管理层，股东在通常情况下不会对公司采取任何措施。他们仅有的利益寓于公司的营利能力中，而且他们也没有像其他所有可能的最终索取人一样的利益冲突。

需要考虑的另一个方面是，股东相对来说往往缺少回避风险的意识。如果他们懂得回避风险，他们能使自己的投资多样化；然而，他们经常愿意把大量的赌注投在任何单一品种的股票上。而且，他们对公司组织可以让人记住的影响是，要么立刻抛出他们认为经营不好的股票，要么投票反对公司。过去，公司有时候为摆脱管理层而应对代理权之战，而现在，他们应对接管者。假如金融市场组织良好，足以为接管筹集资金，接管就是一种好方法。显然，这最后一个条件只是在最近才得到满足。

不论怎样，管理层本身往往通过改变自身结构对代理权战或接管的威胁做出反应。不幸的是，管理层近年来保护自身不受纪律制裁，也不受特别是接管出价制裁的努力非常成功。这种努力无疑正在降低我们制度的效率。这是监管显然已经失败的一个例子。

但是，说“监管已经失败是由于管理人员开始保护他们自己，以防因效率低下而被抛弃”[①]的说法，提出了一个一般监管的问题。公司股东通常得批准这些各样的措施办法，或者作为一种替代办法，也会批准由一个立法机构规定的措施，在这个立法机构中，公司股东的潜在影响肯定大于管理层。[②] 这似乎本来就是监管不力。由于大多数股东随时准备从一家公司转向另一家公司，他们对某个公司的管理层相对来说没什么兴趣。

如果监管失败了，形成了代理权战（老办法），股东多半能够随便决定用什么方法投票，而且这种决定必然对管理层形成压力。用比较现代的办法，接管战是个赚钱的好办法。[③] 用这种办

① 当然，这不是管理层对他们为什么要保护自己的解释。

② 这在任何一家公司都不会是事实。股东分散在世界各地，而管理层却集中在总部所在国。但是任何国家中的股东总体数量，通常都会大大超过管理层的数量，而这些法律影响所有国家颁发了经营许可证的公司。在许多情况下，公司总部根本不设在颁发经营许可证的国家。

③ 这里的副产品之一，是一个专门行业的发展。这个行业中的“劫持者”威胁要进行接管，并为放弃这种接管而获得大笔钱款，被称为“绿票讹诈”。股东不阻止“绿票讹诈”的事实，是股东监管不利的另一个例子。

法，股东通过卖出股票压低了股票的价格；某位“劫持者”买下公司，解雇现有管理层并用一个较好的管理层来替代，然后再卖掉公司，赚取可能得到的资本收益。

所有这些表明，如果我们不考虑股东的福利，而是从社会总体来考虑，股东的监管绝对达不到最佳程度。然而，如果我们对公司进行重组，使剩余索取者成为工人、消费者，或是管理层自身，情况只会更糟。[①] 而且，如果我们把股东的效用看作是社会价值的一部分，他们不在监管工作上花太多时间的决定获得的价值，可能大于为无效监管付出的代价。

到目前为止，我们已经谈到了围绕公司的环境，以及这种环境如何管辖着公司的效率。我们还没有上自管理层下至工人仔细地谈到等级制本身。这个等级制面对一个艰难的任务，因为它受到激烈竞争的制约。

在政府中，竞争远不是全面的。政府内的竞争也并不总是为了取得一个社会理想的目标。不同公司争夺消费者的竞争意味着，它们处于持续不断地降低价格和改善质量的压力之下。争夺劳动力的竞争意味着，它们处于改善工作条件和提高工资的压力之下。最后，它们还面对让股东满意的竞争，从银行安排借款的竞争，确保股东手中的股票有可观的净值的竞争。这种竞争往往使社会中的资本投到最有价值的用途中去。

在其他类型的活动中——政府和非营利组织——这些压力变

---

① 对于大量欧洲公司而言，特别是在法国，重组是实际情况，而这也可以表明，为什么它们的经济不能真正繁荣兴盛。

得弱多了。因此，政府和非营利组织是在一个较少严格约束的环境中工作，而人们也可以预见，他们的工作不会很令人满意。

尽管我们在本书中集中关注政府以及私人的营利等级体系，但我们的社会中也有其他一些就像我在其中工作过的那种非营利机构的等级体系。[①] 一般来说，非营利组织是小组织。即便拿哈佛大学来说，它的规模比起一个中等规模的公司也是微不足道的。它没有大型等级制，但有时候它会按等级制的方式行事。习惯和员工的个人偏好，看来是它主要的控制变量。

然而，非营利组织能够在非常受约束的环境中工作。目前，吉姆·巴克家面临的诉讼来自这样一个事实：他们建立了一个大型非营利组织，并把这个组织的收入转变为管理层的外快。假如从他们持有的目标看，这个组织是高效的，而我们反对的正是这些目标。

一般来说，目前非营利组织的存在，完全是为了防止钱款被以类似于巴克夫妇那样的方式转移。确实，一个常设不废的董事会不大可能是一个高效的组织，如果董事会成员主要根据筹款能力，而不是根据对主营业务的知识选拔出来的，情况就更是如此。

我和我的大部分读者长期以来就一直在用这种方式治理的组织中工作。大多数州立大学的校董会都不是常设不废的，而

① 当然，我是州政府的一名雇员，但是我们社会中的学术机构，尽管现在大都由政府占据了主导地位，但仍然在以它在三四十年前一样的方式继续活动，而那时是私营组织占据主导地位。从某种意义上说，学术机构是靠州立法机构经济支持，而不是靠约翰·D.洛克菲勒经济支持的私人非营利组织。学术机构给予州立法机构的控制权也与当年芝加哥给予洛克菲勒的控制权一样多。

是由州政府选拔的,条件是,要看他们是否具有适度良好的政治关系,但又并不真等着要做什么事。这使我们董事会中的人与,譬如说,哈佛大学校董会中的那些人,很相似,只是我们的人没有他们那么有钱罢了。然而,由于我们的人对州立法机构有相当大的影响,最终结果是,他们为州立大学弄来的钱比哈佛大学校董会为哈佛筹到的钱还要多。

再说一遍,这些非营利组织工作效率不是特别高。但是,它们得到的免税,加上它们可以因慈善名义得到不付费或廉价的劳动力,使它们能够成功地与正规企业竞争。其实,贝内特和迪劳伦佐已经写出了一本有关这个题目的书。[①] 不过,还是很难说非营利组织就是一种好的做法,而且它也没有真正的剩余索取人。

来看一下标准的艺术博物馆。它使上层阶级的大量成员受益,这些人喜欢参观博物馆,把它当成社会活动中心,等等。它大概也使下层阶级中一定数量的个人受益,他们有着从事艺术活动的愿望,并能临时补缺,得到点微薄收入。[②] 许多孩子已经上学去了的中产阶级家庭妇女发现,博物馆周围有些实用的活动,比如经营博物馆的商店。如果她们很富有,她们可以进入董事会。尽管她们对管理层大概确有影响,但是她们并不是剩余索取人。

最后,真正有影响的人是那些能进一步提供资助的人。一位

---

① 詹姆斯·T. 贝内特和托马斯·J. 迪劳伦佐著,《不公平竞争:非营利组织的利润》(James T. Bennett and Thomas J. DiLorenzo, *Unfair Competition: The Profits of Nonprofits*, New York: Hamilton Press, 1989)。

② 实际上,下层阶级的成员通常对这类事情没有多少兴趣。只有上层阶级才去博物馆。但是,无疑,某些下层人士或穷困潦倒的人确实光顾这些享受补贴的博物馆。

含糊地想着给博物馆一张伦勃朗(Rembrandt)画作的董事会成员,只是个屏息以待别人听他说话的人。但是,这些人都不是剩余索取者。从某种意义上说,他们是剩余资金的来源。

非营利组织中的工作人员比在私营公司中的员工有更多的影响力,只因为他们的目标不像私营公司中的目标那么明确和可以测度。说参观博物馆的人,或是构成博物馆董事会的那些附庸风雅的人,对于博物馆的事务与一般股东对公司的情况一样无知,这并非事实。然而,事实是,确定一家公司是成功还是失败的简单账面数字,能吸引有可能对此感兴趣的各种人——例如,公司入侵者——的关注,而在博物馆,类似这样的事情根本不会发生。①

如果我们听说了一桩博物馆或是教会的丑闻,那么,它会与巴克夫妇的情形相似,博物馆或教会的钱款实际上被转移给了管理层。私营公司中的丑闻通常没有什么规律,管理层保证要增加公司的利润,而不是增加他们个人自己的非法佣金所得。

然而,说到这一点,我应该说明的是,非营利组织等级制中的下层,通常没有受到非常密切的监管。幸运的是,这常常也是个很小的部分,因为大多数这类组织就不大。尽管效率低下,却显然没有更好的办法。

---

① 见威廉·戴尔·格兰普著,《为无价之物定价:艺术、艺术家与经济学》(William Dyer Grampp, *Pricing for the Priceless: Art, Artists, and Economics*, New York: Basic Books, 1989);布鲁诺·S. 弗雷与沃纳·W. 波默雷恩合著,《缪斯与市场:艺术经济学探索》(Bruno S. Frey and Werner W. Pommerehne, *Muses and Markets: Exporations in the Economics of the Arts*, Oxford: Basil Blackwell, 1989),以及爱德华·C. 班菲尔德著,《民主的缪斯:视觉艺术与公共利益》(Edward C. Banfield, *The Democratic Muse: Visual Arts and the Public Interest*, New York: Twentieth Century Fund, 1984)。

关于我们社会中一个较大的部分——政府，正如先前提到的，它苦于没有像核算制那样明确的效率指标，但是在一个民主国家中，它却确实可以有另外一种指标——政府得到的选票数量。这种选票数量与公司组织中目前的管理层将在下次选举中得到的选票数量不同，因为在公司中通常没有反对派。一旦有了反对派，公司常常采取某种间歇性的强制接收办法替代现在的管理层。①

再有，不管政治选举中某位选民通常的信息多不灵通，他/她得到的信息仍然好于在公司投票的普通股东。股东信息不灵通的现象，在某种程度上，会因掌握着某公司股票的人和组织足够大而被抵消，所以，他们确实可以变得信息灵通。公司结构被设计成这样，在理想的情况下，这些人将作为其他普通股东的代理人行事，而不是利用他们的权力把资金转移给他们自己。

在这里，再说一遍，我们听说了一种在美国几乎从未出现过的潜在丑闻。有着真正持有大多数股票的股东或持股家族的所有公司，事实上，都在以少数持股人的利益为代价，把提供给公司经理等人的私人轿车这类东西转移给他们自己。然而，他们能够这么做而不会因盗窃而入狱的机会却是有限的。一位个人收入低得多的法官将会裁定这样的开支是否适当而且常见。一辆轿车、开会差旅费，以及某些娱乐开支，确实是差不多所有公司成员都能够要求的东西。

即便是大公司的官员们常常也不会提供给这类选择权。当然，各种激励计划给予管理层的大概会比它真正该享有的还要慷

① 有时候给一笔含金量高的外快。

慨，但是这种慷慨是有限的。而且，股东也从激励计划中获益，因为这种计划给管理人员更多动力。确实，这些做法（在公司法的规定中，这些做法必须经股东投票表决）常常得到支持。股东或许不知道他们那个公司中的所有事情，但是他们确实知道，这种做法是好的。

欧洲的公司法就不一样了。在那里，欺骗是常事。有时候经营公司的人能够成功取代许多其他股东。这种情况之所以没有出现在美国，是因为——够奇怪的——对卡特尔的限制。在纽约证券交易所还能有效进行垄断的日子里，它硬塞给所有想在这个交易所上市的公司一种单独的有投票权股票，拥有这种股票就会成为剩余遗产继承人。[①] 他们之所以这么做大概是要增加这种产品的吸引力，也就是说，他们想要广泛地销售普通股，因为纽约证券交易所是普通股的主要市场。纽约证券交易所已经失去了它的垄断地位，但是这种规则的影响依然强大。

确实，在那个年代，没有那样一种安排要销售股票会很困难。在亨利·福特死后，福特汽车公司的一部分以巨额无投票权股票的形式留给了福特基金会，部分数额小得多的有投票权股票留给了他的直接继承人。最后，该公司将无投票权股票转变为有投票权股票，好让福特基金会把那些股票卖个好价钱。

政府的选民在几个方面与公司的投票者不一样。一是，没有那么多有成堆选票，对结果深感兴趣，并因此变得信息灵通的个

① 认股权证的发展，在某种程度上，已经使这种做法不再是真正的剩余遗产继承人的安排。但是，认股权证就是购买普通股票的权利，因此，这没有什么太大差别。

人。在英国从欧洲西北海岸的一个相当落后的海岛崛起为世界头号强国的这段时期内，英国的确有过一批这类选民。腐败选区制度(rotten-borough system)的存在意味着，有一些以个人身份坐在英国上议院中的人，却在下议院拥有足够多的席位，以致他们能够强烈影响政府的政治活动。他们似乎起着与公司中的个人大股东有些类似的作用，即便这种个人大股东只拥有，比方说，一家巨型公司百分之三的股票。这种做法逐渐被看作是不民主的。

那么，在平常的民主国家中，选民对信息的了解要略好于公司中的投票者。他/她苦于没有简单的办法能说出政府工作得是好还是不好。而政界人士有一种办法能说出政府是否工作得不好，在某种意义上，这指的是他统计选票。但是这些选票是根本不想成为消息灵通人士的人的选票，因此，这个指标是不是有把握还是不明确。

个人选民还有另一个问题——通常在他与作为一个总体的社会之间存在着利益冲突。我们来举个老例子。在雅典从伯罗奔尼撒战争的失败中恢复过来后，她开始建设第二个“帝国”。[①] 关于这个帝国为什么会失败，标准的历史解释是，雅典政府形成了一种习惯，直接从盈余资金中拿钱支付给选民。由于选民们决定哪种资金有盈余，他们往往不给海军足够资金，而把更多资金装入他们自己的钱包。当雅典确实处于战争中时，他们愿意为海军付钱，但

① “帝国”并不是对雅典政府很恰当的一种描述。落入其中的个别城邦国家是自治的，而且在大多数情况下似乎对整个安排一直感到很欢喜。其中的许多城邦国家，甚至到了伯罗奔尼撒战争最后的危急关头，仍然忠于雅典。

在和平时期他们不愿意坚持做下去。结果,在锡拉丘兹远征(Syracusan expedition)之后,雅典再没有重获得它在海军方面的显赫地位。

还有更近一些的例子,包括几乎任何民主国家的农业计划、中亚利桑那计划,以及汤比格比运河。特别令人震惊的一个例子是,甚至倾向于和平主义的国会议员,都不愿意关闭他们所在地区的军事基地。

再说一遍,由于这种现象是公司中所没有的,核算制肯定就不只是一种简单的损益账(profit-loss account)。幸运的是,除非这么做是非法的,并且几乎立刻就能被查出来,否则个人股东无疑会向公司施加相似的压力。不幸的是,在民主政治中,事情没那么简单,因此,这种活动是常见的。

但是,为什么我们得有政府呢?显然,政府并不是一个非常高效的组织。然而,在我看来,独裁政权更没有效率,而且对每个公民的福祉更不关心。① 问题的答案是,尽管市场在某些领域中可以是非常高效的,但在另外一些领域中——有大量外部性的地方——市场就是非常无效的了。

选择介于两种类型的工具之间:一种是间歇高效的,而另一种几乎总是不好不坏。在市场是高效的地方,我们就该选择市场,而在市场效率还不如不好不坏的政府效率时,我们就该选择政府。

我在上面曾提到,政府的一种传统职责是对合同和财产权的

---

① 我写过一本关于独裁政权的书,《独裁政治》(*Autocracy*, Dordrecht, Netherlands: Martinus Nijhoff, 1987)。

强制执行。这个任务分派给了政府，但不是因为在那种活动中有大量的外部性，而是要在确实产生了外部性时，手中持有一种能够强制执行的力量。我们的许多法律决定是由被称为仲裁法院的组织来处理的。伟大的罗马法是由一伙不担任政府职务的法学家提出来的。最后一个例子，现代的罗马—荷兰传统依赖的是法学教授写出的文章，而不是法院或立法机构。其实，我们的法律常常被从事某种旨在培育立法机构或培养法官的教育活动的非政府官员更改。

没有理由说我们应该抱怨这种情况，但是，也没有理由说我们应该认定它是理想高效的。然而，如果有许多组织承担了执行这些决定的强有力行动，那就会成问题了。例如，我可以雇个人把一个房主赶走，因为我说他没有按月归还住房贷款，而他也可以另外雇个人返回来，因为他说他已经按月还款了。跟着就会打起架来。黎巴嫩目前的状况表明，用这种方法，某人或许可以期望在那里住上好多年。可以理解，我们想避免这种情况，因此，我们试图坚持将社会中武力的运用限制给一个机构——一种所谓的垄断力量——并把这看作是一种明智的政策。

当然，在美国，许多不同的机构可以使用武力，因为老百姓个人要服从几个不同层次政府的管理。如果我没有按月归还住房贷款，一位县里的官员，县治安官，就会把我赶出住房；如果我驾车超速，要看我是在哪儿超速的，我可能被一位州里的警官或市里的警官逮捕。如果情况由糟糕发展到最坏，而且公共秩序遭到破坏，就可能调来军队。

如果我们的两级政府，州和联邦，彼此没有进入战争状态，那就不会有大问题。任何一个规模明显较小的低层组织，在反对中央组织时，通常都会防止发生战争，但是，当然了，我们的确有过内战。美国革命的那场战争也可以用来作为地方政府决心与中央政府开战的一个例子。

在这里，总图表明的是，等级制体系都是相似的，无论是政府的还是私人的。私人等级体系有一种效率元素，它可以使绩效的测度变得比较容易，比起在政府中就更是如此。某些人——例如公司入侵者——能够发现这些等级体系中无效率的一个，采取措施来改善它，从而赚得大钱。不幸的是，这不是政府的特征。然而，这两种组织内部的生活非常相似。再引用威廉·尼斯坎南的话说："从社会学的角度看，在联邦政府与福特汽车公司之间没有差别。"

那么，我们所有的社会，是一个其中有着大量不同组织在进行互动的社会，有些组织小，有些组织只有个别人。我们的目标应该是建立一种各个组织都愿意在其中高效做事行为规矩，而且互动也很有效的结构。综观人类历史，这些目标一直是真正的伟大智者们全神贯注的问题，但是现在还不能说这些问题已经被最终解决了。

第九章　随机分配

你如何来控制你的下属？如果你竭力想得到完善的控制，我已经扼要地讨论了一些改进你控制的方法，而且我也指出了，你必须对这些方法不够完善的结果感到满意。相应地，我现在将要讨论放松要求的问题。

为了得到尽可能多的控制，我们得从一个简单的结构开始：一个处于等级制顶层的人，他唯一的目标是使自己的意愿得到执行。我们将假定，在这个等级制结构的每个层级，每个人都监管着三个人。因此，我们这位处于顶层的人监管着三位直接助理，这三位助理每人又监管下面的三个人，以此类推。我们也要简化事务，假定这个等级制的每一层，包括处于顶层的那个人，将他们的一半时间用于决定应该做些什么，而将另一半时间用于察看他们的下级执行决定。

我认为，这最后一个假定非常真实。我与高级官员打交道的经历表明，他们确实自己做出许多决定，这是一种在决定他们的成功方面与其监管下级的能力同等重要的能力。当然，他们在做决策时常常会考虑下级人员的意见。

正如前面提到的，大型组织里的委员会或是行政管理人员的团体都是工具，他们提出新思想，对新思想进行筛选，使上达顶层的思想是一种有利的选择。然而,经营良好的组织并不轻易接受这种“行政管理泥沼(administration swamp)”认为的最佳建议。上级官员审视好几种建议方案,从中选出他最喜欢的一种。有时候,处于顶层的人会提出他自己的创见,而非接受呈送给他的那些想法。然而,即使在这种情况下,他通常也会向“行政管理泥沼”咨询有关他的基本思想如何操作的意见。

目前,我们还没有把这个人看作是监管着他赖以决策的信息或思想来源的人。他只是把他的时间均等地分配为自己拿主意的部分和察看他的下级执行其意愿的部分。

此人的决定构成了我们所说的一般政策。他想要下一层的人用他们的一半时间,拿出主意,如何根据他的基本思想对他们的下级做出具体指示,而另一半时间用于监管。每个下一层级都要做同样的事。我们根据现实情况假定,来自高层的命令要求对每个部门的具体情况进行精心安排和调整,而部门领导把他的一半时间用于做这件事,另一半时间用于监管。

处于顶层的人必须监管的一件事情,也是每个下一层级的监管人员必须监管的事情,是更低层官员在决策的这一半时间中所下的工夫。

举个著名的例子吧。到达葛底斯堡的第二天,李将军派其右翼的朗斯特里特将军去夺取战场上的制高点小圆顶(Little Round Top)。但是,当时在南、北陆军中有个老规矩——行军 50 分钟要休息 10 分钟。[①] 朗斯特里特将军的部队是该在正好行进了 50 分

① 在第二次世界大战中,我在步兵时,他们还是这样做的。

钟之后准时休息呢，还是该继续行进几分钟到达山顶呢？这显然要由朗斯特里特将军来决定。他决定休息。这个决定极为重要。如果朗斯特里特继续行进，李是否已经赢得这场战役，无人能知晓，但是米德*肯定会被迫重新调整他的全部部署。

这个事件的另一方面说明了指挥结构可能犯什么错误。联邦军保住了小圆顶，是因为一位陆军军需少将骑马来到山顶，他只是为了察看一下战场，却注意到朗斯特里特的部队正在上山。他赶紧撤下来，并且成功地与当地部队进行了交涉，让他们转移到小圆顶去，而那支部队并不归他直接指挥。因此，小圆顶保住了。

这位少将到达山顶时，他发现了一个信号兵的观察哨，他们正在忙着进行观察。他们使用的望远镜比少将自己用的那只还好，还能用旗语发消息。显然，这个等级制在这里出了故障，否则那位少将的干预就会是不必要的了。

我们使用这个例子，只为说明对命令下工夫研究的必要。假如李将军亲临现场，他也许会撤销那十分钟的延误。但是，还得说，谁也说不准。不管怎样，沿金字塔逐级而下的每一级都有必要就应该如何完成上级的命令做出比较详细的决定。拿出一半时间用于做决定的指导方针，使这种模式更容易遵循。

我在这里想要讨论的问题是，监管者如何把他们的时间分配到他们的监管职责上。他们可以只用六分之一的时间来监管手下的每个人，这意味着他们的监管必然是不完善的。

---

* Geroge Mead，当时联邦军队波多马克军团的指挥官，是小圆顶战役中防守的一方。——译者

在有些情况下，六分之一的时间是非常适当的时间分配。直到最近，战斗中或训练中的军事单位还是排成长长的笔直队列。监管者可以轻易并迅速地说出各个单位的表现如何。驻扎在罗斯巴赫的腓特烈大帝可以看到他的大部分军队，以及大部分正在推进的法军。他的低层指挥官对他们指挥的军队看得比他还要清楚。在这样的环境中，一个想要退后的士兵或是放慢行进步伐的团指挥官可以假定，他的上级可以直接看到他的行为，尽管这位上级面对的是大量士兵。

即便如此，那也并非十分简单。将军的才能涉及做一些你的敌人预料不到的事情，而这经常意味着，你的军队的某些部分会是他观察不到的，也是你观察不到的。拿破仑输掉了莱比锡之战，在很大程度上是由于他派往侧翼迂回的军队中有一部分受挫了。

当然，许多事取决于要监管任务的难易程度。传统军队中那种士兵站成长长的笔直队列的情形是个糟糕的例外。正如我们已经指出的，至少核算制提供了一种方法，以说明人们是否达到了一个有限的目标——赚取利润。遗憾的是，核算制是不完善的，因为，比如说，西夫韦连锁超市（Safeway chain）每个成员店周围的环境与所有其他成员店是不一样的。

即使在腓特烈大帝的军队中，排成笔直队列行进的士兵也有可能发现地面是不一样的。队列的一边可能深陷烂泥地，而另一边可能走在硬实的土地上。但是，这类问题还是比较容易解决的，而要想确定两位超市经理是否创下了不同的利润率那样的问题则困难得多，因为不同的效率水平或者纯粹的当地条件，是经理们无法控制的。

解决这种问题的一个方法，也是在大型组织中相当一致使用的方法，是制订易于监控并且也被认为是有效的政策。例如，许多超市都有一种政策，规定他们本店品牌的商品——也就是他们的自产商品，通常也是利润空间较大的商品——要放在货架的中间位置；而非本店品牌的商品，也就是为了保持与其他超市竞争的需要必须引进的那些商品，放置在两边。假设的是，人们多半会喜欢从中间选择本店品牌的商品，而如果这些商品被放在两边，它们就不大容易被选中了。不管怎么说，这是容易检验的。

其他易于监控的做法，如不断轮换货架上的商品，这样，就没有哪种商品会超过保存期限。像这样的事情常常由低层的专职检查员来处理，而不由区监管人员来处理。当然，区监管人员只要在店里，偶尔也会用检查货架的方法抽查他们的检查员。

在高层也存在一些规章制度。大多数连锁超市对于像展示——哪部分商品应该放在商店的哪个部分，等等——这类事情都有政策。调整这类政策的责任返回给地方经理，因为，比如说场地空间和布局，总是因商店而异。

此外，在有些西夫韦超市的商店坐落的地区，部分由于收入水平，部分由于种族变化，公众口味脱离了主流。在我居住的图森市，有非常多的墨西哥裔人口，而非墨西哥裔人口也受到墨西哥食品的吸引。如果西夫韦超市想赚钱，它必须调整到这个方向，偏离我们所谓的全国化标准。

腓特烈大帝的军队体制可能是我们知道的政府组织中最易于监管的。然而，西夫韦超市是近在身边我们大概都会走进的一个大型等级制组织。在许多情况下，大型组织面临广泛的比较复杂的问题。例如，来看一个真正的企业集团的管理。企业集团的下属各个部分从事着完全不同的生产，一个公司可以从事飞机零部件的生产，拥有一两个电视台或一个便民连锁店，可能还参与了十几个其他多种经营的领域。企业集团不仅要这些部门个个有效益，还必须有能力监管这些部门本身，尽管除了利润动机外，它们没有什么相同的地方。

在政府中，情形还要糟得多，因为那里没有营利这个简单目标。在美国，看看美国总统的直接下级吧。总统有位邮政局长，他相当不称职地负责在全国递送邮件的工作；一位国务卿，负责与外国打交道；一位内政部长，他有广泛多样的一堆职责，主要在美国的西部；武装部队，其中的一部分（军队的工程技术人员）在水利工程中做着与内政部的工程技术人员相似的工作；司法部，负责维持监狱，并扮演着许多政府机构律师的角色。我们还可以继续列举下去。

司法部长在执行任务时比内政部长效率如何，高还是低？总统没有办法轻易对此进行比较。他们的任务是不一样的。其他部门的情况也大同小异。例如，尽管司法部长负责维持监狱，还有一个法律工作班子负责政府的大部分法律事务，但是，他的办公室也负责推荐法官提名，还有六七项其他只是相当松散地有关的活动。内阁的机构也以相似的方式建立。在所有这些情况下，一位监管者必须对大量各种各样的规程有一定程度的直接了解，并能从中进行选择。而且，如果他进行选择，他必须确定，他对那个领域的判断至少和他监管的人做出的判断一样好。如果他做不到，他的监管就会降低效率而非提高效率。显然，他不可能做得面面俱到，或是了解下属处理的每件事情，因此他必须有所挑选。

那么，监管者首先面临的一个问题是监管什么。他应该尝试控制下级哪些方面的工作？他不想让下级什么事都自作主张，除非是这位监管者能定期查看的一些小事。他想让下级去做的，是如果监管者来检查他们时肯定会赞同的事。由于上级只检查少量事情，这是难以做到的。

在考虑这个问题时，会自动出现在任何一位经济学家面前的方法是随机选择。而且，一位经验丰富的监管者的行为也确实具有某种随机的成分，但也不是完全随机的，我们将在下面讨论其中的原因。然而，我们来考虑这样一种情形：监管者确实随机做出他的选择。我们还是假设，最高领导人有三位下级，他们每人监管三个人，这三个人也每人监管三个人，直到底层有 27 个人在实际处理与外界的活动，其他人都是监管者时，我们才停下来。

现在，这位上级拿出他的一半时间用于监管，因此，如果他把时间平均分配给他的每位下级的话，他能用于他 36 位下级中每一位的时间只有 1/72。大致来说，他可以每三个月给每人一天时间。如果下级不知道那天会是哪一天，他们就会处于很大的压力之下，把自己的行为设计成这样，无论那天碰巧会是哪一天，他们都不会遇上麻烦。

如果这位监管者确实每三个月花一天来监管他的每位下级（这会是个小型等级制），他就不能指望像某位下级对自己的活动范围了解得一样多。因此，即便承认这位监管者比那位下级更富聪明才智，也更了解他自己的偏好，但当那位下级的行为实际上是符合最高领导的利益时，他还会经常认定，那位下级做错了事。

如果这位监管者进入了图森市的一家商店，并且看到专用于墨西哥食品的品牌有点奇怪，他并不知道这表明的是当地经理无效率，还是消费者有着特殊口味。而且，假如他能用于这件事的时间很短，他不能指望自己变得非常了解情况。要确定商店中墨西哥食品的花色品种是否适合消费者的多种口味，他得花更多时间，比已经在那个领域中有了大量背景知识的当地经理花的时间还要多。因此，从某种意义上说，这位监管者把时间用于判断那位下级在做什么是相对无效的。

西夫韦超市确实有一种核算制，尽管这种核算制不是判断经理们效率的一种完善办法，却大有帮助。看看政府，再想想，如果司法部长决定他本人去监督当地的一位地方检察官对是否检举或接受一桩认罪辩诉协议(a plea bargain)所做的决定，会发生什么事。[①] 当地检察官很清楚当地的陪审团是个什么状态，了解当地法官们的偏见与特点，并且几乎同每个关心此事的人谈过话。他对某些人是否会是好的证人有公正的看法。即使司法部长是比这位当地的地区检察官更好的一位代理人，这位当地地区检察官的判断也还是会好于司法部长的判断，除非部长拿出相当多的时间充分熟悉这桩案子。

这里要再次强调的一点是，高层监管人员不可能对复杂环境中的低层人员进行细致的监管。要获得对低层级的实际控制，唯一的办法是简化指挥结构，给低层人员更多基本的常规任务。即

① 实际上这意味着他在其认罪协议的谈判中有多强硬。实际刑期就是决定该案是否要进行庭审的因素。

使这样,大大放松控制活动也是必要的。

回到核算制,让我们假设,给予下层官员简单明了的任务是为了使账户中显示的利润最大化,而此时我们暂且不讨论那些账户中可能存在的缺陷。不理睬西夫韦超市个别商店经理遇到的所有困难,只管提升盈利最多的人并解雇盈利最少的人,这显然不是完善的经营方法。然而,这可能接近于我们所能做到的最好情况。

实际上,西夫韦超市很可能大致采用了这种做法,因为它的低层监管人员对个别商店的了解远不止于对其利润的了解,而高层监管人员对低层监管人员颇有信心。当然,对于有着——比如说,20 家商店——的一个部门的低层监管人员,只要看看利润率就能比只看个别商店的经理是个什么状态进行更好的监管,因为有大数法则来充当高层管理者的助手了。

在这个例子中,也包括股票市场,只要看看大量大型多种经营组织中每一家的利润总量,就能有更好的机会来运用大数法则。在股市中做得最好的人,除了了解各个公司的利润率外,还了解那些公司的信息。即使在这里,对利润数字的考察也不是理想的,尽管股市中的大量投资者都在运用这种简单的办法。

政府的情形更为困难。古老中华帝国的政府在本质上是一个监管组织,监管着大量农业家庭和少量平均分散分布在其版图上的城市,在这方面,它有着巨大的优势。正如先前指出的,他们依赖通过科举考试选拔的各位官员,把他们派去控制相当于一个县却没有多少中央监管的地方。中央政府知道这些官员是否在收税,也知道在那个地区是否有造反事件或暴动。根据与这两条标准的相符程度,中央政府可以削去一些官员的职务。

这种做法不是最佳的，却是一种不可多得的较好选择，特别是因为，在这种情况下处于顶层的人大都离一位理想的行政管理者相去甚远。他是在帝国的宫殿中长大的，备受溺爱；他有数不清的享乐分心，而他的智力只是一般常人的水平，甚至低于常人。

与地方行政官员有联系并与皇帝一起治理着这个国家的官员，是一伙通过了科举考试的官员，本人大都在某地担任过县级行政官员。而且，地方要员显然都会比皇上更了解某位地方行政官员的表现。我们先前也曾提到审查官员的督察制。正如我们说过的，都察院极少关注地方行政官，通常都集中精力审查高层官员。

督察制的一个好处是，它确实能减少控制，而且也没有努力把中央控制运用到不可能控制的具体层面。在大多数国家只有中央政府官员担任地方行政官员的事实，以及各个村子实际上是在自治的事实，甚至更为令人震惊地生动说明了，政府承认行政管理的边际收益在下降。

这种制度持续了大约两千年，从某种意义上说，中国的共产党人还保留着这一制度。然而，他们的期望已经上升了。现在，他们在每个县里的人已经不止一个，但还保留着自治的村落，尽管自主权不多。他们还有某种大致等同于督察制，但以报纸上读者来信形式存在的监督。给读者来信栏目写信的人都知道，即使报纸没有刊登他们的信，大概也会有人去读这些信。

尽管督察制已经持续了一两千年，[①]但是也有周期性的朝代

① 科举制度实际上大约只有一千年历史，但是各种各样选拔具有同样特点的人的方法，早就在使用了。

兴衰、整个政府灾难性的垮台、外敌入侵、旱灾和水灾。督察制对某些问题处理得好，对另外一些问题处理得不好；控制帝国的军队从来都很困难，无论这军队是在保卫长城，还是到遥远的北方执行惩罚性的远征。

让许多人从事同样的任务，而对他们的监管却相对来说无足轻重，这是许多政府活动的特点。司法部长常常主要出于政治原因来任命地区检察官，中央政府能对地区检察官行使的控制相当少。如果他们在法院取得了合理的成功率，如果没有许多公众抱怨他们偏离了正路，他们就会被允许留下来。他们与中国的县级行政官员相似，只是他们是地区检察官或专职官员。

我以前提到过，不可能确定某个使馆是否工作得尽职，而对于泄露机密，美国国务院从来没有下大力气去找出问题。如果各种常规步骤都按部就班地进行，各种报告按时归档，国会议员们可以愉快地享乐，上级官员就可以期待按标准晋升率获得晋升。在低级别的人中，改善你同那些签署你的效率报告的上级官员的关系，比同当地政府保持良好关系更重要（当然，拥有这些良好关系，以得到肯定的效率报告也是必要的）。

当有什么事出了问题时，偶尔也会出现一些困难。当大使们在各地穿梭巡回时，国务卿或者他的直接下级可能会给大使级别的人带来一大堆不便，尽管出于政治原因，他们也不愿意解雇这些人。[①]

在这个例子中，人事委员会可以“破格提拔”低级别官员。然而，他们中的大部分人都不会得到这种提拔，只能缓慢上升到我们

① 要解聘一位美国大使是可能的，即使他是位职业官员，但这么做很困难。

或许可以称之为中高级的职位，只有少数运气足够好的人才能到达顶层。晋升的关键，一如我们已经说过的，是你同使馆中其他人的关系，特别是同你上级的关系，而不是你对美国外交政策做出的贡献。

这些例子多少都遵循了中华帝国的模式，放弃大部分监管而只监管某些任务。在老中华帝国的例子中，以及在司法部长的例子中，他们监管的都是低级别官员行为中最重要的方面。在美国国务院的例子中，这一点不明显，但是由于我已经承认，我想不出能有效监管它的方法，所以这不是一种批评。①

放弃立法作用，是大多数民主政府的另一个方面，特别是此刻的美国联邦政府。美国国会议员有时候强烈抱怨说，总统没有尽到足够的努力让某项立法通过，或是，总统没有向他们提供一个立法的基本草案。然而，尽管议员们对立法的兴趣降低了，②但他们对行政部门的干预却激增了。如果你对联邦政府的哪个下属部门不满，明智的办法就是打电话给你的国会议员，尤其是，如果你是个在近期选举中做出过贡献的人，那么你就可以期待来自某位工作人员的关注。

这同老中华帝国的制度也相似，因为每个公务员都知道，上层对他没有多少具体的监管，但是如果他做的事得罪了低层人士，他们就会向他们的国会议员发牢骚。这位国会议员将根据他认为这

---

①　在某种意义上，我确实要批评美国国务院——不是针对它的内部管理方式，而是针对它的规模。尽管承认对它的控制不可能比现在更好，我们还是可以用我们现在驻海外的大约百分之一的人员就把工作对付过去。

②　这并不意味着立法总量的减少，只是说，国会议员们还没有准备好。

些人是否该被得罪而采取措施。因此，通过这种间接方式，官员的行为得到了监督。

另一方面，当地的地区检察官对于司法部长的愿望肯定不会比部长本人更了解。在这种情况下，除非司法部长告诉他，他没有切实的办法来了解这种愿望，而且即使美国政府真的想让他如实报告司法部长的偏好，司法部长恐怕也得在这种他并不熟悉的工作上花费好长时间，去详细罗列他的偏好函数。大多数人没有口头表达这些事情的能力。

因此，在这里用司法部长做出的决定来评价地区检察官是个困难的办法，而核算制的那条捷径根本不存在。那么，这位司法部长处于比西夫韦超市的部门经理还要糟糕的境地，就应该是显而易见且不令人奇怪的事了。

但是，我们来考察一下这里的实际困难。地区检察官可以不用考察某个案件的办法来给下级评级，而是尝试为他们开发出一种核算办法。例如，他或许可以计算他们的接案数量或打赢案件的百分比。可惜的是，这两个标准在相当大的程度上是彼此冲突的。

想让自己接手的案件基本上都能打赢的地区检察官——而且联邦的地区检察官确实打赢了 90％的案子——可以根本不接难办的案子。曼哈顿犯罪率居高不下的原因之一，就是在许多年中，纽约州的检察官不想输官司。因此，除非有理由认为他们会赢，否则他的助手们就不接案子。由于辩护律师也了解这一点，这就意味着，如果你想在曼哈顿实施一项犯罪，即便是在不怎么含糊的条件下，你也不会有受罚的风险。即使不利于你的证据相当过硬，你的代理律师大概也可以通过与州检察官主办案件的助手交谈，达成一项有利的庭外解决协议。

在州检察官还是民选官员的时代，在选举即将到来时，他可以指出自己的定罪率很高。如果定罪率是根据接手案件中的定罪数量得出的，那会是实情。然而，如果有人根据犯罪数量中的定罪数来计算，他的定罪率就很低了。

一个从某种可能案件的范围中接手许多案子的检察官，将会有高起诉率和低定罪率。一个细心地只挑选强项案子的检察官，将会有高定罪率和低起诉率。核算方法得对这两种因素进行测定。

设计一种真正合适的核算标准会要求对事情的复杂性做进一步调查。在某位检察官遇到的犯罪案件存在着大量随机因素。因此，如果有人利用庭审和定罪的某个函数作为测算标准，就必须得有大的抽样样本。而且，不同领域中的检察官会面对这类情况中的多种困难。在哈莱姆的某些地方，白人州检察官要想定罪会遇到极大的阻力，即使他比他的黑人同事更老练。当然，这会指示你，在哈莱姆不该任命白人做这项工作，但这也意味着，哈莱姆地区的检察官与哈莱姆之外的检察官是不好进行比较的。

认罪辩诉协议磋商的做法甚至使这种比较更为棘手，因为一位愿意接手相对轻的认罪案件的州检察官，仅从这一事实来看，肯定会得到高定罪率。一个根据安排承认犯有破门侵入罪[①]的杀人犯，定罪时最多判一年。如果检察官细心一些，案卷中就不会出现任何表明他曾被指控为谋杀的记录。

所有这些问题都与西夫韦超市经理遇到的相同，尽管发生在

① 作为其谋杀的一部分。

不同的结构中。但是，对于西夫韦超市经理来说，由于目标相当简单明了，而且直接与其行为挂钩，就是赚取利润，他的上级至少在某种接近的程度上有办法测度他对那个目标的贡献。

我选了州检察官的情况作例子，因为我们对想要他做什么有相当清楚的认识。我们希望他能降低他所在地区的犯罪率，使在那里实施犯罪成为危险和不愉快的事，也就是说，把实施犯罪的人送去长期“监禁”*。如果他能成功，他接手处理的案件就比较少，尽管在目前这个世界里，这种情况不大会出现，因为他恐怕不会那么成功。

其他政府活动显示出更糟的情形。对于一位低级别的官员，人们可以说出他的一连串成绩，却拿不出一个能说明他是否会重复比如说办案检察官所用同样方法的例子。然而还得说，在许多情况下，甚至连确定结果也难。一位大使报告说，他与驻在国外交部进行了一次成功的对话，他觉得，对话的结果是该国外交部将来会对美国比较友好。事实是否果真如此，几乎不可能做出判断。

再有，假设在某位大使任内，美国与另一国的关系迅速恶化。这可能反映了这位大使的不称职，但也可能反映了他前任的不称职，是前任的不称职产生的一种滞后效应。最有可能的是，这反映了国际大环境的变化，而这种变化是大使完全不能控制的。[①]

---

* 原文是“up the river”，原指纽约州哈德逊河上流的辛辛监狱，这里指代“入狱”或“监禁”。——译者

① 我们最好的一位外交人员，格鲁，曾于20世纪30年代出任驻日大使。我们与日方交恶肯定不能怪罪于他。在一个相反的例子中，在第二次世界大战中的大部分时间里，我们的(因政治原因任命的)驻伦敦大使简直是个口齿不清的人。尽管如此，我们与英国的关系却是最好的。

然而，在一个相似的圈子里，要对高级官员的可比能力做判断却比对低级官员做判断容易。一位负责庭审的助理州检察官，在一年时间里只会同数量受到严格限制的人打交道。然而，如果州检察官的机构大，其中有若干个部门，某个部门主管手下有——比如说，十位州检察官——那么他的抽样样本数量就会大十倍。因此，判断他是否胜任于管理他那个部门的工作，就会比较容易，而要问助理州检察官个人是否称职，则比较难于回答。

同样的情况也适用于西夫韦超市。光是看看账本就判定哪个商店的经理称职，而一个手下管着 20 家店面的部门经理不如他，那是比较难的。数据以某种随机程度进行抽样的样本大一些，才是重要的。

正如我以前提到的，大型营利公司也有一些不易评估的个别部门。例如，假设我们公司有位公司顾问，他个人处理一些案子，并安排一位私人顾问处理其他一些案子。监管这位公司顾问的行为要比监管州检察官难，因为这位公司顾问处理的案子五花八门，大相径庭。他必须对一大堆问题做出决策：我们该在某个产品上贴什么标签？我们该不该廉价生产一种价格昂贵而有用，但有可能在将来的某一天导致对公司提起损害索赔的产品？等等。这位顾问是否在这些领域中实现了利润最大化？这显然是个非常难以回答的问题，而且，我们现在旨在实现简单目标而不是我们要政府实现的一套比较复杂目标的这个事实，并不能使这个问题变得容易回答。

到目前为止，我们一直在谈论监管者为监管所有下级随机而平均分配时间的问题。有两种监管下级的方法：一种使用核算制；另一种，评估每种情况。一位善于工作的监管者若不是处于一种方法支配另一种方法的情形，就会在这两种方法之间随机分配时间。

有一种办法，尽管并非十全十美，却可以帮助监管者通过放弃部分控制改善他的监管活动。有了这种办法，各位下级就有了可执行的详细政策指示。这些指示本身并非对所有下级在任何时候都是最佳的，但是它们在简化监管技术方面的作用远比补偿个别的非最佳效果更多。

在西夫韦超市的例子中，商店里出售的大部分物品是通过西夫韦的仓库和分销系统配送的。假设有位经理发现，由于当地的批发商买得太多，他这个月可以比常规配送便宜得多的价格进货一种罐装食品。他会不会得到许可去抓住这个机会，并在当地做广告把这种罐装食品作为给购物者的一种特价商品呢？这个问题不简单。不同的连锁店遵循不同的规则，但是一般来说，不许可经理这么做。忽视这一获利机会的理由是，这样容易监管。

这个讨论的关键是要证明，大型组织必须受到限制。或许有些人对听到说起这一事实感到意外。那些具有社会主义倾向赞成计划经济——一种向所有人就所有事(除了他们的消费决定)发号施令的中央组织——的人在过去就是这么办的，而现在，在某种程度上，也是这么办的。我记得，芝加哥大学法学院的一位优等生曾向我保证，用社会主义的方法，我们能够使人均收入翻一番。他那时刚刚离开陆军，所以这种说法听起来特别令人惊讶。有人会想到，他应该已经看到，即便是一个大型的组织良好的结构，也不能由中央进行详细规划。[1]

一旦我们意识到这种严格控制是不可能做到的，我们就找到了反对传统计划经济的另一个论据，而且我们对于什么是组织也就有了更高层次的理解。其实，为计划经济盖棺定论在目前是画蛇添足的事。但是，如果所有反对计划经济的其他论点都被推翻了，经办大型等级制组织也就不可能了。

在任何一个大型组织中，官员们控制着自己的活动。不同的分支机构之间会出现谈判磋商。他们甚至相互签署协议：例如，美国政府曾在著名的"协和广场协议(accord)"下形成了一种短期的统一财政政策。学术部门也经常彼此签协议来交换办公空间或广播时段(time slots)。教授个人与院系签协议，也与其他教授签协议。营利的研究机构具有类似的情形。如果不同的下级部门不同意，那就举行正式的谈判磋商会议，并很可能彼此签署一项合同。

任何大型组织的成员总会有几个关于他们同事的故事。某个人或哪个部门很难相处。他们也会说，其他人非常配合。然而，他们配合还是不配合这件事是个明确的指标，表明来自上方的命令并未完全控制局面。

那些观察到的情况与现存文献实际上并不矛盾，尽管在我看来，文献过分强调了这种结构内部的协调程度，以及自上而下命令

---

[1] 在第二次世界大战后，这是对的，而且反对军事偏见的现代知识分子那时候也不多。我的大部分同学都为他们自己在军队服役感到自豪，也为美国的军事机器感到自豪，尽管他们所有人都讲过官僚失误的故事。

下达的顺利程度。但是，大部分计划社会的支持者一度持有的梦想，在现今任何撰写组织理论的人们中已经不再。

这种理想主义的神话，有时候还会在组织手册中看到，或是在向人们介绍某个组织时看到。正如我先前提到的，在我进入美国国务院时，我曾得知一个故事：低层人士如何搜集信息，如何筛选信息并部分地由下一步工作整合，然后上传给决策集团或个人，他们发布命令，然后命令再逐级下达，同时每一层还要精心安排，使这些命令能适用于最底层的人们。经过这整个过程，最终产品会是一个经过协调的部门在执行根据最佳信息确定的政策。这是个神话，但是如果同样的神话还在外事服务局继续，尽管可能没人会相信这个神话，我却是不会感到意外的。

如果我们不能得到这种完善的协调，我们也不该试图建立要求成功进行协调的组织。如果我们看看周围的世界，我们会发现确实没有这样的组织。有时候会有完善协调的要求，但实际上没有人会把这种假设当真去办。我们必须量力而行。

泰勒在开创效益工程的专业活动时，提出了他最重要的发现之一。他意识到，如果对人们要求得不多，他们可能做得更多，因此他调整了铲子的大小，以适应需要铲运物品的重量。这意味着人们使用的铲子比以前的小了。在干重活时，泰勒经常让人们每工作 15 分钟就强制休息一次。这两种工作量上的明显减少实际上提高了每日的生产率。我们应该让我们的组织做同样的事。

有个降低预期的明显例子。一家只打算赚钱的公司，使用一种核算制作为说明下级是否正在对目标做出贡献的通情达理的好办法。此外,某种直接的监管应该与这种核算制同时使用。

这种办法只有在你的目标是赚钱时才能使用。幸运的是,我们的社会就是这么组织的,当大量的人都想赚钱时,其他人的财富也会上升。工程师们对汽车进行微小的改进,以增加通用汽车公司或丰田汽车公司的利润,但是,作为一个消费者,我也可以从中获益。

不幸的是,有许多种活动,我们不能在其中运用这种简单的办法。例如,美国的城市没有向房主提供种植花园的激励措施,以形成一种协调的外部景观。

大多数人对这种可能性感到奇怪,但是如果他们看看大片由一个组织拥有的地区,比如说,一大片有草坪和花园围绕的公寓建筑,他们就会意识到,中央控制确实可以提供一种更能吸引人的环境。然而,我认为,像市政府那样的大型组织不会干得有多好的感觉还是有道理的。

政府或慈善活动构成了一大领域,我们在其中运用中央控制而非成本核算,因为我们的目标不是赚钱。有些这类活动,如邮局,或许应该被移入营利部门,因为送邮件的竞争性公司,如联邦快递和 Purolator[①],会干得更有效率。

然而,空气污染显然不能用类似方法来治理,尽管这个领域中

① 在我还是个小孩子的时候,这家公司曾是一家在美国的部分地区做软化水处理的公司,那些地区的石灰石问题十分严重。(据维基百科介绍,该公司 97%的所有权现由加拿大邮政局拥有,但在 1967 年时曾被一家美国的水和油品过滤器制造商收购,它的名字是“pure oil later”的缩写。但在 1987 年该公司的所有权回归加拿大后,它的名字仍然保留,但已与过滤器生产没有关系,是一家从事全球快递业务的公司。——译者)

的许多活动可以外包出去。例如，亚利桑那州监测所有的小汽车，以发现它们的尾气排放从污染的角度看是否危险。他们刚刚签署了一份合同。根据这份合同，一家私营公司会来做这件事情并收取一笔固定费用作为回报，所用成本将比由州来做时低。但是，这家公司正在这里做的是一件与污染有关的具体的小事，不是一般意义上的减少空气污染。治理污染的方案几乎不可能以这种方式分包出去。[①] 因此，简单的会计损益报告书不能用作这个领域的最后决定因素，尽管它可能被用作一种中间手段。

在这些领域，我们甚至不能期待获得我们在市场中得到的同样多的效率。然而，有其他一些理由可以解释为什么要承办这些活动，尽管它们办得很糟糕。关键是，我们会不断地做一些我们想要做的事，即使我们做这些事情是很浪费的。

举个一目了然的例子。假设我们有个发号施令的人，他有某种类型的一套强烈偏好，但是意识到了对官僚控制的困难。再回到我们控制金字塔的磨损上。如果此君有个大型官僚体制，他通常就能够将他的意志加于比他自己去做时多得多的事物上。在某种意义上，如果这个官僚体制工作总量的20%能符合他的意愿，他就会愿意对其余80%的活动既不过问也不在乎。因此，他增加了对环境的影响。你可以希望，正如此君也希望的，这个官僚体制工作得更高效，而不只有此君20%的意愿得到执行，不过，即便如此，也要比让所有官员各自为政的好。

举个专横个性的好例子。拿破仑对他的下层官员在欧洲各地

① 治理污染的研究项目可以分包出去。

做的事情肯定只有大致的控制。然而，他的意愿在欧洲得到执行的情况，还是远远好于如果他没有这个非常庞大的组织时可能出现的情况。

我们可以从拿破仑的角度来思考如下一些问题。如果他不打算当皇帝，他将有能力使他的几乎所有个人行为完美地符合他的意愿，但是他将不能让许多人去执行其指令。如果他当了皇帝并建立了一个小型组织，同时让大部分地方政府的决定由比如当地的民选委员会来做出，那么，他对这个受到一定限制的官僚体制的控制，将好于他对一个大型官僚体制可能有的控制，但这个政府承担的符合拿破仑意愿的活动总量，却会少于如果在一个单独的大一统的官僚体制下的数量。然而，小型官僚体制贯彻执行的那些活动中，符合拿破仑意愿部分的百分比却可以高得多。

为了形象说明这个问题，我们来使用一些数字。假设拿破仑建立了一个小型官僚体制，而且他也能够看到在由这个官僚体制的低层成员承担的所有活动中，至少有三分之一是符合他意愿的。整个社会中政府承担活动的总量是 10 万项，而这个小型官僚体制只处理其中的 1 万项，其他活动由地方机构办理。因此，他能有大约 3 333 项活动符合其意愿。但是，如果他建立了一个大型的无所不包的官僚体制，他有能力让底层的人们保证执行与其意愿相符的活动只能是所有活动的十分之一。但那是 1 万项，而不只是 3 000 项多一点。

另一个办法是，可以尝试分离政府的决策，那么，拿破仑认为最重要的那些活动可以由受到一定限制的中央官僚体制来处理，而他认为不那么重要的活动可以由一些自治机构来处理。实际上拿破仑确实采取了这种方针。在法国，拿破仑的话就是法律，尽管他装模作样地建立了一些民主机构。在法国之外，他有一系列准独立政府，有些由他的近亲担任首脑，但是大量的仍由他在战争中征服的传统的国王或皇帝任首脑。在这种远离中心的地方，他对政府肯定有着极大的影响，但他并没有做出认真的努力去控制政府的所有行为。

无疑，这种做法使他自己发出的命令总量中只有少量是按指示精神执行的，而如果他建立的是一个庞大的官僚体制，按其指示精神执行的命令数量就会多一些。但是，这也意味着，拿破仑认为重要的领域中的命令得到执行的百分比会高一些。故意放弃对他认为不太重要的许多领域的控制，使他认为是最重要的那些狭窄领域的控制得到改善。

正如我曾指出的，这种做法得到了广泛运用。从某种意义上说，一家给了地方分公司官员高度自主权，然后只从账簿上来观察结果的公司，就是一个例子。然而，由于地方分公司官员得到的命令是“赚钱”，这还是有点不同。

如果我们看看这个世界，这种命令的权力下放或分而治之也是广泛存在的。我已经提到过，中华帝国有一种做法，对人口众多的地方实行颇为严厉的控制，但是在皇帝担心的地方，他能够得到相当好的服从。这包括有意识地向当地民选村委会派遣权力代表，也向当地各县派遣县官，还包括给低层官员大量自行裁量权。再说一遍，牺牲对不太重要领域的控制，是为了在重要领域得到更好的控制。

西班牙帝国一度曾是世界和欧洲最大的帝国。① 这个帝国主要由地方官员治理。地方政务委员会控制着这个帝国管辖地域中的大部分事务，大多数地方政务委员会几乎或根本与中央政府没有接触。这种政务委员会通常由更高层官员——比如说总督——任命，但也根据在当地的受欢迎程度和影响进行选拔。这很像英国各郡中的郡治安长官，他由中央政府任命，但要从范围很窄的会被当地社区接受的人员中选出。

尽管美国和瑞士的联邦制看来可以成为另外的例子，但是在我讨论实际的选民控制时，我要表现的是它们很不一样的方面。中央政府能够让军队执行其命令，因为中央政府几乎或根本无须关注洛杉矶的街道修缮工作，只把命令集中于联邦制中的一部分，并让其他部分自治。因此，通过放弃它在某些领域的控制，中央政府尝试控制另外一些领域。

欧洲和日本是存在过真正封建制度的地方，尽管那里的封建制不是很成功，却是另外一些例子。高级官员、国王、皇帝等，几乎完全依赖地方官员——如英法的伯爵等人——向他们的军队提供补给。我们知道，当时军队的补给工作做得不够好，但是不应想当然地认为，那种让地方官员完全控制地方事务，以换取他们为军队

① 西班牙帝国超过了后来的英帝国，因为它包括了南北美洲，并在非洲和亚洲拥有广阔的土地。说说美国教科书中通常会忽略的一段历史。菲利普有段时间曾与英国女王结婚。尽管他没有被正式承认为国王，这大概没有造成多少区别，或就是没有区别，而且他住在伦敦。在我们的历史书中占了大量篇幅的，是这个庞大帝国在 17 世纪的解体，而不是它在 16 世纪的权力。

提供补给的想法是愚蠢的。其实，在这个想法由查理大帝*的继任者形成制度的时候，它很可能是绝境下的最佳选择。

回到比较正式的讨论，这种特殊方法与位于顶层的人有关，他要集中精力对付他认为最重要的领域，就要削减他的整个官僚体制。无论承认与否，大多数统治者都是这么做的。一位领袖可以把命令集中于两个或几个层次。例如，在列宁统治俄国的初期，他打算建立一个能真正控制所有事情的政府。他的尝试遭到了灾难性的失败，而他最终也承认他需要一种"新经济政策"。对于贫穷的俄国人来说，不幸的是，列宁的继任者也没有使这种需要变为现实。

尽管列宁在理论上建立了一个中央控制的组织，但在实践中，他并没有打算在大多数活动中运用中央控制。地方企业由各种各样被认为值得受到共产党尊重的人控制，中央也没有向他们下达许多命令，只因为中央当时还在忙于其他事务，因此没有能力执行正式通过的中央控制原则。结果，许多企业和地方政府大都由一些自治团体在管理。中央政府集中精力处理政治事务和一般性政策。

然而，有一件重要的事情得到了精心控制：列宁及其直接追随者的人身安保。他们让由非俄罗斯人组成的一个特殊单位——第四拉脱维亚步枪队——做他们的卫兵。这些人是当时在整个俄国唯一用黄金支付报酬的人。[①] 那么显然，这种保安工作是高度重

---

* Charlemagne，即查理曼(742？—814)，史称查理大帝、法兰克国王(768—814)、查理帝国皇帝(800—814，查理一世)。——译者

① 列宁曾建立了一个小型的秘密钻石库，目的是为了政府领导人在必要时出逃国外提供支持。这或许可以看作是一种真正的保安制度，与向第四拉脱维亚步兵队支付黄金一样。

要的工作。但我们也可以说，这种做法有几个控制层次——最高控制用于他们的人身安保；第二层控制用于与建立他们的控制相联系的政治事务；第三层控制是对各个企业的实际控制。从理论上说，这种控制是苏联体制的全部目的。

在实践中，这种体制工作得不好，但不是由于这种分而治之。我在前面谈了几种有两层控制的体制：例如，由拿破仑个人大权在握处理某些领域的事，而把另一些领域留给地方政府机构去处理。在实践中，政府中可以分布着许多不同程度的控制，有些领域要非常严格地控制，有些领域不控制，还有各种中间档次的控制用于不大重要的领域。

如果我们接受这样一些观点：(1)控制沿大型组织向下延伸时会衰减；(2)在你认为重要的地方，控制的衰减会发展得稍慢一些，在有些敏感的地方甚至可以不衰减；那么上述情况就都是高效的。我将用另一种形象的计算——随机组合——来澄清这一点。即便有些数字不正确，定性的结论应该是不变的。

假设我们的社会有 40 个人，其中一人是相当专横的那种人；他碰到个好机会，成了一个组织的发号施令者。这 40 个人中的每个人在一般日子里每天做 10 件事，那么这些人每天总共有 400 件事可以影响到外界。

这些人中有一人可能成为发号施令者，在目前的环境中，400 件事中有 10 件是他喜欢的，其他 390 件则随机地与其意愿相关。假设他现在变成了一个大权在握的发号施令者，利用我们先前的“一管三”结构，也就是说，他有三个直接下级，这三个直接下级又每人监管三个人，这三个人再每人监管三人。利用这种结构，在最底层现在有 27 个人做着与外界有关的事，另外的 13 个人是这位发号施令者和他的监管人员。这个安排的最终结果是，做了 270 件与外界有关的事，而从前是 400 件。

我们得假设，在每一层上有 25％的控制衰减，因此，仅执行监管任务的最高一层下级做的事情中，有 75％符合那位发号施令者的真实意愿，25％不符，以此类推到底层。因此，底层的 27 个人所做的事情中最终会有 42.6％，或者说，总共有 113.90 件事执行了发号施令者的意愿。

然而，他们做的另外 156.09 件事会不符合这位发号施令者的喜好，但是会随机分布。[①] 从这位发号施令者的角度来看，在所有与外界有关的事情中大致有 114 件符合他的意愿，这肯定要比只有 10 件的好。他心满意足了。实际上，这是他能够得到的可以影响外界的事情的最大数量。

但是，我们来假设，在他想要控制的某些事情中，有的事比其他事更让他感兴趣，或是他认为更重要。假设他以办理少量事务为目的建立了一个小型组织，特别是这样一个组织，其中有三位监管人员由他控制，他们每人又控制着三个实际影响外界的人。换句话说，我们撤掉了底层。在这种情况下，将有 270 件事是无法控制的，因为它们不是由这个等级制的人去做的；90 件事是由这个等级制底层的 9 个人做的，因此，所做事情的总量还是少于原来的 400 件，而且底层所做的 90 件事也并不都符合这位发号施令者的

① 在这个例子中，为了简化的缘故，我假设每个人做的事都有不同的可能性，因此，一个人只是偶然做了这位发号施令者想要做的事的前景，实质上为零。

意愿。利用我们那个25%的衰减率，我们发现，底层所做事情的56%，或者说总共有50件事，符合发号施令者的意愿。底层人员还做了39.6件不符合其意愿的事，因此所做事情的总量是309.6件。

从发号施令者的角度看，这种情况显然不够好，除非现在控制住的50件事是比其他事都重要的事。没有理由说明为什么不可能是这样，而且就此事本身而言，大多数发号施令者都遵循着这种模式，或者他们在其中控制更少的某种制度。换言之，这位发号施令者已经减少了他对环境的控制总量，以便把他的控制集中于某些他发现是非常重要的事情。

这里最后的这个模型，是一个其中的发号施令者不只有两级，而是有三级重要事情要做的模型。他认为的头等大事，他自己做；我们要假设，他用了自己三分之一的时间，并因此得到了完全符合他的喜好的与外界有关的3.3个合同。还有三分之一的事情通过一个非常小的等级制来处理。由于他现在已经把他三分之一的时间用于控制这个等级制，他得不到与外界有关并且符合其喜好的50个合同了，只能得到20个。这个社会的其余部分组织成了一个庞大的等级制，他处于最高层，而且他只有三分之一的时间用于监管，结果他们做的20件事不符合其喜好。总算下来，他得到了43.3件与其喜好相符的事。

显然，这种情况比另外的两种情况都要差，但是他已经把事情做了区分，所以头等重要的事情肯定在其控制之中，二等重要的事在相当大的程度上也在其控制之中，而那些无关紧要的事情只要稍加控制就行了。这是否要比先前的各种做法都好，取决于他对哪种政策最重要是否有强烈的感受。

这种组合结构实际上是相当现实的。监管人员，无论他们是发号施令者还是西夫韦超市的分店经理，都得自己对直接与外界打交道的事做出一些决策。他们通过一个窄的等级制监管一些事，他们允许把许多方面的事交由一个宽的等级制去处理。即便这种有三层重要性的制度只是一种简化形式，但是由于许多事情被看作不够重要，就用不着去监管。

本章的讨论开始于实现完善控制的困难，继而进入到组织一种等级制结构，使处于顶层的个人或一伙人放弃部分控制，以使比较重要的意愿得到实现，任务得到完成。这种发号施令式的模型可以用选民至上的民主模型来替代。在下一章中，我们将探讨缩小控制范围的其他办法。

第十章　寻租与打乱组织结构的重要性

目前,寻租研究在经济学界风靡一时。实际上,寻租研究是我首创,①尽管没有出现我的名字,所以,如果我在这本书中没有讨论寻租问题的话,读者或许会感到奇怪。这并不是重提此事的唯一原因。寻租研究中的一个方面对于任何大型组织的内部结构非常重要。

许多组织为了改善他们的绝对规模而寻租。例如,有些公司在华盛顿有院外游说人士,为的是确保关税能保护他们不受国外竞争的危害。也有一些农场组织,其主要目的是提高农产品价格。

寻租是这样一种活动:你试图从社会得到一些特殊的好处,这种好处对你有利,但实际上会伤害他人。组织一个垄断企业会是

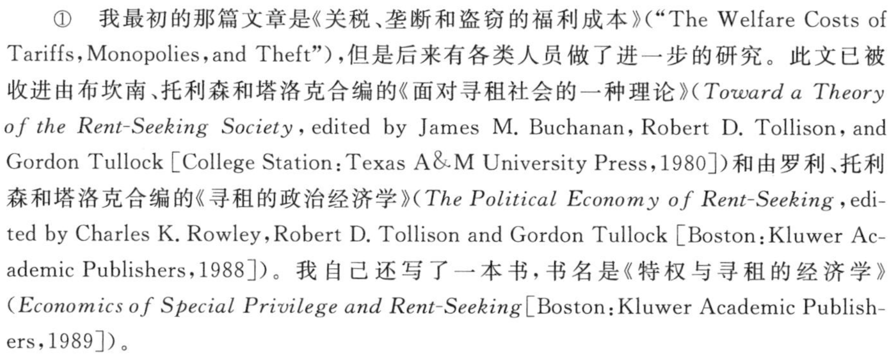

① 我最初的那篇文章是《关税、垄断和盗窃的福利成本》(“The Welfare Costs of Tariffs,Monopolies,and Theft”),但是后来有各类人员做了进一步的研究。此文已被收进由布坎南、托利森和塔洛克合编的《面对寻租社会的一种理论》(*Toward a Theory of the Rent-Seeking Society*, edited by James M. Buchanan, Robert D. Tollison, and Gordon Tullock [College Station:Texas A&M University Press,1980])和由罗利、托利森和塔洛克合编的《寻租的政治经济学》(*The Political Economy of Rent-Seeking*, edited by Charles K. Rowley,Robert D. Tollison and Gordon Tullock [Boston:Kluwer Academic Publishers,1988])。我自己还写了一本书,书名是《特权与寻租的经济学》(*Economics of Special Privilege and Rent-Seeking* [Boston:Kluwer Academic Publishers,1989])。

一个恰当的例子。当前，这更像是通过向政府施加压力和游说政府来实现的，而在J.P.摩根时代一度主要通过私人方法实现。

还有许多得到这些特殊好处的途径。中亚利桑那计划不是个垄断企业，它是个非常浪费的灌溉沟渠和泵站系统，有选择地向一群受益人供水，而因此给纳税人造成的损失，大大高于这个计划的实际价值。尽管如此，寻租活动却使它获得通过。

发明创造了某种有价值东西的人，为这种东西上了专利，然后卖掉这项专利赚取了一笔利润，他就实现了一种租。但我们并不称这种做法为寻租。此人是靠为社会做了某种有益的事获得的利润，而且在一个竞争性市场中，不能给他人带来好处的事是难以获得利润的。然而，一个人并未发明任何新的东西，但是想办法争取到政府限制其竞争者，那就是在进行寻租了。

市场不是零和博弈。有些活动产生了利润，而另一些造成损失。参与营利活动的个人并不被看作是在寻租，而那些为自己赚得了利润，同时也降低了国民生产总值的人则是在寻租。

寻租研究方面的大多数新工作，都在努力探讨由寻租引起的额外成本。从我写的第一篇文章起，[①]主要论题就一直是由寻租导致的高额社会成本——比经济学家先前认为的还要高。安妮·克鲁格在一篇重要的文章[②]中估计，仅从单独一种情况——外汇券(foreign exchange certificates)——看，这种寻租的成本就分别

① Tullock,“Welfare Costs.”

② Anne O. Krueger,“The Political Economy of the Rent-Seeking Society,”*American Economic Review* 64(1974):291—303.

占到了印度和土耳其国民生产总值的7%和15%。那可是些大数字，特别是在这两个国家中都有大量的寻租活动。

许多东方问题专家认为，尽管中国和印度都是非常发达的文明古国，但是造成中国和印度非常贫困的根本原因是寻租的支配地位——他们的人口中比较有进取心的人士都把寻租作为经济活动的主要形式。幸运的是，美国还没有经历过如此猖獗的寻租活动。

但是这个讨论的重点并不是为了从与政府或与消费者的交易中产生租金的公司组织。尽管从公司的视角看，寻租是高效的，但是我们希望公司不要沿着寻租高效发展。那会是堪与毒品贩子的贩毒行径相媲美的高效。

我们关注的是公司下级人员中的寻租。我们再来详细说明一下先前对借债收购的讨论。[①] 假设我们有一家大公司，而且看来接管并重组这家公司可以带来利润。接管这家公司的办法随时间而变化。很久以前是通过争夺代理权，然后变成了公司入侵者的活动，而现在则倾向于借债收购。我们来看一家神秘的巨兽公司(Behemoth Corporation)典型的借债收购。

巨兽公司的高级行政管理人员联系上一位愿意向他们提供资金的银行家，而他们提出，在人们听说这桩借债购买之前，就按高于市价50%的价格买下巨兽公司全部的普通股。我们假定他们

---

① 在安德雷·施雷弗和罗伯特·W.维施尼合写的文章《1980年代的接管潮》中，对这个领域中最近的工作做了一个极好概括(Andrei Shleifer and Robert W. Vishny,"Takeover Wave of the 1980s,"*Science*, 17 August 1990,745—749)。

成功了。

新的管理层，就是现在拥有了这家公司而不再是受雇员工的老管理层，必须卖掉许多子公司，再用得到的钱归还他们借来的部分巨额贷款。然而，由于贷款规模庞大，银行家们要求他们支付的利率高于银行家对普通贷款愿意提供的利率。令人相当奇怪的是，不管在这些案例中的溢价多么少、收益率多么低，但还是正值。

卖出了普通股的股东显然大赚了一笔，利润相当于其先前股票价值的50%。对于买下了公司售出部分的那些人，这里没有做特别的预报。可以推测，那些售出部分以合理的价格售出，而买主在总体上也是很会算计的。如果买主算计得特别到位，那就意味着，新管理层把公司的售出部分卖得太便宜了。然而，这项活动本身在大多数情况下都还比较成功——不是巨大成功。巨兽公司现在有了大得多的资本价值，其中的大部分是债务，因此必须把其资本收益中的一个较大部分用来支付债务利息，同时还能有合理的利润。通常情况下，该公司能够从这个放大的“资本”上收到良好回报，正如原来的公司利用先前的“资本”做得那样。但它常常不能创造出按这个新“资本”的百分比来说异常高的回报。

新管理层承受着要求效率的更大压力，因为它现在掌握的只是巨兽公司高额借贷的部分，效率方面微小的下滑就可以把他们消灭。他们握有的股票大概有1.5亿美元，而尚未偿还的债券有13.5亿美元。这些债券要按相当高的利率付息。在收购之前，股东的股票价值5亿美元，还有5亿美元的债券。

这个新管理层是怎么成功的？他们还是原来管理公司的那些人，但是他们现在必须让同样的物质资本产生大得多的回报。当然，他们卖掉了原来物质资本中的某些部分用来还债，但在他们现在获得的资产中有高得多的债券形式的债务。

答案看来是双重的。一个是，这些管理人员本身承受着大得多的压力，只能奋力工作。另一个是，我们在这类事例中常能看到的唯一重大变化——中层管理人员的大规模清洗。在我所说的“公司泥沼(corporate swamp)”中，许多人遭到解雇。在所有这些公司中看到的这两种变化应该是足够了。①

这些公司现在着手要用它们的物质资本生产出比它们先前生产的高得多的收益，其实，它们是不得不如此，如果这些公司还想摆脱破产而存活的话。为什么对先前大部分由同一个管理层自愿聘用的人员进行的清洗能大大提高效率呢？我认为，借债收购确实提高了效率，这个事实相当明显，因为在大多数情况下，这些公司能再一次存活下来，并偿还债券利息，尽管它们目前以债券形式存在的债务要比它们从前的债券形式债务加上股票的总和还要多。

要解释这一点，我们必须求助于内部版的寻租。罗纳德·麦基恩在解释私营公司与非营利机构或政府机构的差异时常常说到，在私营公司里，如果所有者节省了资金，他可以把节省下的钱带回家；而在非营利组织或政府机构中，他不能这么做。

麦基恩认为，这一点之所以重要，原因基本上是心理上的。如

① 现在这家公司更加专业化了，因为它已经卖掉了它的一些子公司。

果你想赚最多的利润,你必须做出许多不愉快的决定。你不得不解雇一些你个人喜欢的人,你不得不对下级施加压力,哪怕这显然意味着你们的关系会瓦解。你或许会与,比如说,你的工人的工会或是与你竞争的邻近组织,发生激烈的争斗,即使在非营利组织或政府的情况下,也并不常使用“竞争”这个词。

再有,所有这些根本不愉快的决定通常必须迅速做出,早在你获得足够信息从而能够确认这些决定之前。例如,医生们谈到治疗策略中的棘手决定。人们常常说,每当出现了要给人截肢的情况时,医生就不得不做出一个战略决策。一个医生若是个激进分子,并且已经做过许多例截肢手术,可能会在不必要的情况下切掉人家的腿。而一个保守的医生,又极少做过截肢手术,可能不会有这种问题,但是却有可能让如果截肢就能活下来的病人死掉。①

大多数经理也遇到过同一类型的两难选择。是该解雇某人,还是只要狠狠训他一顿,所有这些决定往往会减少你所处环境中的愉悦感,恐怕最好在确凿证据到来之前做出。如果你等到证据搜集全了才做决定,你会发现,你的竞争者已经把你痛揍出局了。因此,你几乎肯定会犯错误,这些错误很可能会牢牢地攫取你的注意力,而这会使生活更不愉快。

对于一家公司的所有者,这种痛苦可以由他能在做出这些决定之后把钱带回家这一事实得到补偿,即使他选择了承担某种风险。他是在拿自己的钱冒险,这是否会使他变得更加谨慎,或是更

① 这是抗生素出现之前的情况。抗生素已经使这些问题容易解决得多了。

不谨慎，取决于他的个性。但是，如果他是一位公司雇员，而他做的某件事有风险却也有可能获得高额利润。如果这种可能获得的利润得以实现，他只能从中分得一小杯羹；但是，如果公司因此而破产，他将遭受重大损失。

一个相对来说是可以承担一般风险的人，大概更可能用他自己的公司试试机会，而不是用他受雇的公司去一试身手。我有个朋友，有一段时间他在一家美国比较强大的老公司中做高管。他说过，这家公司中建立委员会的真正作用之一，是让人们承担起大的风险而不必承担任何责任。你永远不可能追究任何损失到任何人头上。这种保护或许可以抵消畏惧风险的现象。

这就是一家公司的所有者与一位政府雇员或非营利组织雇员的区别。想想一家大公司的高层雇员吧。他们面对的是有点相同的问题，尽管不是那种极端的问题。他们别想把公司的全部利润带回家，如果公司出现损失，他们也不会支付全部成本。但是，他们得为自己的人际关系支付全部成本——必要时解雇他们喜欢和仰慕的人，必要时还要面对关于他为什么要解雇某某的漫天谣言，说因为那人厌恶他总是围着那人的老婆转，等等。此外，他只能得到部分回报。

在这里，在比金字塔尖稍低一点的位置而非绝对的顶点，另一个重要问题是：小事上的交易和默契的发展。看过那部特棒的电影《九比五》(*9 to 5*)的人，会回忆起有个被列为“老板的密探”的没有同情心的人物。她向高层官员报告那些低层官员不愿让高层官员知道的事。谁都可以理解为什么别人会不喜欢她，但是从我们整个经济或那家公司的效率的角度看，她扮演着一种社会职能。

当其他人成功地把她派送巴黎，以防止她再向他们的上级报告一桩比较重大的坏事时，他们就降低了效率。[①]

组织中的任何人都了解防止高层官员得到他们可以利用信息的一些做法。例如，我在的一个相当小的组织中，有位秘书的特点是经常迟到，但这并没有影响她完成工作，她其实很有效率。然而，办公室的监管人员还是向组织领导告了她的状。其他秘书把这看作是一种犯罪，几乎可等同于强奸。

情况通常并不像这件事一样泾渭分明。办公室里的每个人几乎都期待着某种程度的放松，但谁都不愿把这说出来，因为他们担心相互告发。有一种交易就是，你别在上级那里给我找麻烦，我也不会给你找麻烦。这是寻租行为，它不仅会减少公司的利润，还会降低国民生产总值。

除了这种交易，如果人们长期在同一间办公室内活动，联系密切，他们之间就会形成许多人际关系，大多是友好关系，但也有敌对关系。友好关系也会导致人们不打小报告。[②] 当然，同事之间出现对抗和紧张的习惯性明争暗斗，正像掩盖缺点一样普遍。

但是，就是这种对抗关系也可以意味着缺点被掩盖起来了。大多数凭着个人奋斗进入高层的人士，都会试图培育与某些上级的关系，并在自己身后发展一长列下级。因此，他们具有强烈的动机去保护某些人，同时对另一些人背后下刀子。而且，这类信息是

① 在这个特殊事件中，情况并非如此。摆脱她的复杂而间接的结果是，确实提高了该公司的利润。在现实世界中，这是不会经常发生的。

② 我过去工作过的一家公司有一条禁止雇用夫妇双方的规定。人们认为这种类型的相互关系会导致人际关系方面的困难。

不会让上头知道的。

处于某种含糊不清环境中的高层官员，如果狠施压力，会比他们不施压力时从他们的下级人员中得到更多效率，但是他们从人际关系中得到的愉悦也减少了。这是因为他们没把钱拿回家。这就是那些借债收购的公司在效率方面出现根本改善的原因——高层官员可以把钱拿回家。其实，他们处于这样一种环境中：如果他们不改善效率，他们就有可能失去他们已经投入的钱，走向破产。在这样的情况下，他们的环境急剧改变，而他们的行为也以同样激烈的方式改变。突然之间，他们自己开始发奋工作了，还向他们的下级人员施压，并解雇大量人员。先前谈到的“公司泥沼”明显减员约三分之一。

解雇这三分之一的中层管理人员节省的总成本并不是很大，尽管还是值得收入囊中。当这些中层管理人员突然意识到，他们的上级不再那么宽容，那么好说话时，他们就面对着一个激励机制的变革。这些上级用对某个下级经理“拧紧螺丝”的办法挣来的钱，现在要比与他的愉悦关系更可取了。

经营公司的人已经在用制订各种奖励计划来处理这个问题。借债收购真是个大奖励计划，同时也对有关人员施加了严峻的压力。它的结果就是相当好的证明：即便是在管理良好的私营公司中，也存在许多管理松弛的现象和寻租活动。当然，相对于非营利组织和政府，私营公司中的这些问题微不足道。但是，这确实是内部寻租活动的一种情况。

在各国政府中可以找到另一个例子，他们常常调动军官到各地任职。他们把这称为轮岗锻炼。然而，在我看来，真正的理由要古老得多。调换人们的岗位使他们彼此之间更难以形成可能带来军事危险的人际关系。[①]

显然,大公司的经营者不必担心这个问题。一位低级别官员的确可以从事阴谋活动,并成功取代现任董事长,但他是通过获得股东和其他董事的青睐取得成功的,而非明目张胆地推翻现任董事长。他不一定需要,比如说,大多数官员的积极帮助。因此,这与军事政变是不同的。

大公司也要让下级管理人员经常轮岗。而且,这些工作变动常常是地理上的,这带给大多数下级官员不便。当然,各个公司也会付给这些官员比公司没有强令他们调动工作时更高的薪水。

这种方法显然是一种策略,目的在于降低"你不要对我说三道四,我也不会说道你"的交易可能性。由于谁与他人都没有深入的个人关系,寻租行为就比较少。而且,如果有人做了什么让同事不高兴的事,代价也不会太大,因为无论是他还是他的同事不久都会调到别的地方去。因此,尽管这种调动从表面上看是无效率的,因为妨碍了专业化还要支付更高的工资,但实际上却非常有效率。

罗杰·康格尔顿曾指出,委员会本身以一种特殊的方式减少了寻租活动。[②] 个人的目标要想通过一个委员会推行,要比通过某个人推行难多了,因为要说服者众。一个抵消因素是,每个人对

---

① 英国人在这方面走的是不甚相同的路。如果你参军进入英国陆军,无论是做军官还是做列兵,你会进入某个团,若非死亡、退职或是提升到将军,你就待在那个团里。而且,这些团都受到一种训练,他们有强烈的爱团意识,而且会看不起所有其他团。各团之间的共谋串通几乎是不可能的。

② Roger D. Congleton,"Committees and Rent-Seeking Effort,"*Journal of Public Economics* 25(1984):197—209.

事务的决定权都不大，因此可能用心也不多。然而，康格尔顿的看法中也肯定有部分真理。它会表明，我们在大公司中看到的多得数不清的委员会，还有关于各种主题的会议，实际上起着降低寻租严重程度的作用。

再有，尽管谁都必须与其同事保持良好的关系，但还是会发生在背后捅刀子的事。复杂而狡诈的勾当不仅必须经常向上级隐瞒，还要经常瞒过同级和下级，这使得这些勾当难以实行。

最终结果是委员会这种结构减少了某些类型的寻租活动。公司泥沼除了具有我们以前讨论过的特点之外，也使各种寻租活动比在一种比较简单的指挥结构中更难以获得成功。

这不是说个人得被迫高效工作，而是说，比在正常情况下从事更多的寻租活动对他们而言是相当危险的。他们推行公司目标的劲头可能会逐渐降低，想要避免与自己的同事或其他人发生冲突的倾向会增强。只要这种状态还处于一般情况，就不会造成仕途上的困难。用以判断官员的标准逐渐下降，最终导致无效率。

这就是我们在谈到接管时所讲的突然增加的压力会产生高效的原因。工作强度的平均水平和对公司理想的专注程度在官僚体制中会逐渐下滑，而收购能把它们再次提到一个高水平。懒惰、更多狡诈和耍花招，以及比你办公室中的一般官员对公司内部事务的更多关注，是危险的。紧贴一般水准是没有危险的，即便这种水准在稳步下降。

这些都是私营公司。政府机构又如何呢？首先要说的是，尽管军队遵循着我所说的轮岗制，美国国务院和联邦调查局也是如此，但许多其他的政府机构却没有这样做。

调换工作尽管确实降低了组织效率最终下降的速率，却不可能把它降到零。我们可以说，联邦调查局比邮政局效率高，但这显然不是有力的赞扬。

政府效率甚至还会由于一个事实而进一步下降，那就是在实践中，要想解雇什么人，是非常非常难的。要给他们降职也很困难，哪怕是拒不给他们正常晋升都难以做到。利贝卡普的研究表明，晋升的主要特征就是论资排辈。[①]

在这些情况下，我们可以预见到大量寻租活动——人们就是不努力工作，也不专注于组织的目标，如此等等。我们也可以预见到，如果他们对他们所在机构的某个方面感兴趣，例如，机构扩大，他们就会自愿投入大量精力。我们会预期，由于没有人会真的出价收购这个组织，平均效率水平还会走低。

在美国或其他民主国家，出价收购的缺失一度不怎么重要。选举部分起到了出价收购的作用。政府的大部分雇员可以被随时解雇，而且当一个新政府上台时，它会有清理现存结构的强烈倾向。尽管政界人士并不想让道路完全修复，却还有其他一些想让公务员们完成的事。他们看来已经支付给公务员高于现行工资水平的报酬，同时要求他们向执政党支付竞选捐献的剩余部分。但是，也还有些像出价收购的地方。那时候政府规模还比较小，政府雇员的选票也还不特别重要。

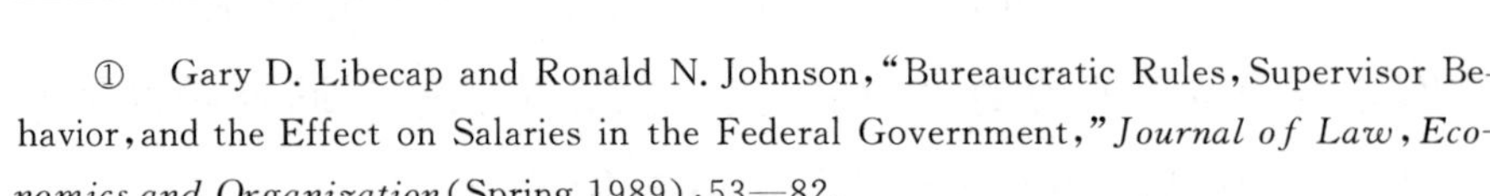

① Gary D. Libecap and Ronald N. Johnson,"Bureaucratic Rules, Supervisor Behavior, and the Effect on Salaries in the Federal Government," *Journal of Law, Economics and Organization*(Spring 1989):53—82.

现在这已经全变了。今天的公务员们几乎完全有保障不会受到解雇，而且因此，他们大都不会付出竞选捐献。其实，对他们而言，提供竞选捐献实际上是违法的，尽管有各种间接的方法可以绕行。更重要的是，他们的数量和选票已经大大增加了。结果，我们现在所处的情况是，政客们不可能解雇公务员，但是如果政客们做的什么事实际上得罪了公务员，公务员们就能炒政客的鱿鱼。这导致了最终效率的进一步下降。

这里有个真正雷人的故事。里根政府任命的一位政治人士发现，他的高级别公务员中有一位从未上过班。他一问才得知，此人是个嗜酒瘾君子，且醉酒在家。由于这位到任者有着某种改革热情，他决定，如果这位公务员不戒除酒瘾，就要解雇他。

处理一位公务员需要办理很复杂的手续，其监管者要同他多次谈话，指出其工作中的缺点。由于此人从未上过班，这种办法难以实现。然而，当这个手续终于办完了时，那个人被解雇了。他立刻同政府打官司，要求复职。而文官委员会不仅使他官复原职，而且迫使政府支付他的律师费。

文官委员会把其主要活动看作是保护公务员不受其政治上级的迫害。在这种保护背后有着大量政治较量，因为有如此众多的公务员选票。在公务员投票时，他们并没有太多有把握的想法，但是选择了拉拢这些公务员的政客打算在他能摆脱他们大多数之前就脱颖而出了。

这样做的最终结果，是我们所说的公司内部寻租的另一种例子，但其影响力简直巨大无边。与同事的友好关系使一般来说不大重要的事物复杂化为阴谋，而我们会预料到的和实际得到的，则是与政府其他机构的竞争。我们在地方、州和联邦各级政府都能看到这种情况，但是在联邦政府比其他两级政府严重得多。这在一定程度上是由于在全国性政府中有更多的公务员，但也是由于一般公务员与选民之间有着很大距离。

例如，在地方政府中，许多政府活动可以动用的资金如果需要增加，真的需要对发行债券或增加税收进行全民投票。如果有人替代你所在城市的市长也不可能增加税收并用那些钱来提高你的工资的话，那么作为一名公务员，投票反对市长，对自己就不会有什么好处。但是不幸的是，对于联邦政府，可就不是那么回事了。

这样做的后果之一是向许多州的修宪迈出了一步，以要求平衡预算，并要求对各种各样的特别开支进行全民投票。正如本内特和迪洛伦佐在他们合著的《地下政府》[①]一书中已经证明的，这些限制绝不意味着取得完全的成功，但是它们无疑使各式各样官僚们的日子比没有这些限制时要难过一些。

目前，在各州政府中正在进行着一种运动，要对立法者能够服务的时间长度进行限制。在加利福尼亚州，这已成为一项宪法修正案。它使得这类寻租更为困难，因此形成了地方政府比较高效的现状。

一个起抵消作用的问题是，立法者个人在处理他们的工作时将会比较缺乏经验。这是否重要，留给读者去思考。

让我们回到本章的标题《寻租与打乱组织结构的重要性》上来

① James T. Bennett and Thomas J. DiLorenzo, *Underground Government* (Washington, D. C.: Cato Institute, 1982).

吧。当一个组织比较全面地适应了它的任务，并且形成了较大程度的专业分工，就会发生两件事情。第一件事是，它的所有员工都积累起了工作任务所需的知识，因此执行任务的能力更强了。第二件事是，员工们了解了更多信息：做什么事可以侥幸成功；谁是他们真正的朋友——应该保护谁，谁会保护他们；还有得到晋升或得到其他好处的最佳寻租方法。前者改善公司效率，后者降低公司效率。已知的能够消除后者的唯一方法是强行打乱公司的组织结构，可以采取借债收购的形式，也可以干脆对人员进行调整，从一个地方调到另一个地方。

这里显然得有一种平衡。如果公司或政府每天把它们的所有人员调来调去，那就什么事也做不成了。然而，让员工留在原岗位上，公司会有一群技艺精湛的人员，但这些人在寻租和逃避工作方面同样技巧娴熟。

人员轮岗是在适当的工作时间内打破平衡的一个办法，具体做法视工作岗位而不同，这家公司和政府组织与另一家公司和政府组织也不一样。然而，单靠这种做法本身还不够。通行的公司文化能够容忍轮岗，而且公司文化可以导致逐渐放松和降低标准。这意味着不时的更为剧烈的重组是必要的。

私人市场通过如破产、由贷款人或新股东强制实施的公司重组、借债收购等办法来处理这种情况。各级政府则极少有这种机会，在当前大部分政府雇员无论做什么都不可能被解雇的情况下，更不可能有这种机会。

中国的标准历史理论，把经济增长缓慢和官僚的腐败作为朝代兴衰的论据之一。假设中国的官僚都是通过困难的考试选拔出来的，而且每五年甚至更频繁地自动流动，这显然使过去同僚之间的友谊关系得到延伸。逐渐放松要求的公司文化就是最终导致旧王朝垮台之后一个新王朝兴起的因素。

如果我们回顾历史，我们可以看到，民主政体从来就不是长盛不衰的组织。我们必须创造出某种相当于周期性剧烈打乱组织结构的机制，那是使私营公司保持高效的重要因素。

本章专门用于讨论大公司和政府内部的寻租。使这种寻租处于掌控之中是个问题，也是公司处理得比政府好得多的一个问题。应该记住的是，这是内部寻租。公司常常从事另一种寻租——努力获得垄断地位或从政府获得特权，而且他们越是能高效压制内部的寻租，就越有可能在通过寻租获得特权方面也是高效的。

第十一章　严格限定的范围

在第九章结束时，我们讨论了在某个领域内的发号施令者或权力在握的人，能够通过减少他打算控制的事物数量，并根据他对事物重要性的洞察，对不同事物给予不同水平的控制，实际改善他对那个领域的控制。在第十章离题去讨论内部寻租问题之后，我们将在本章继续讨论控制问题，事实上，我们会变得比较激进。

首先，在第九章，我曾指出，把你的指导仅限于少数几个下级，或对不同级别的下级给予不同水平指导的可能性。同样的事情还有另一种做法，可以改变监管水平：你可根据要做的事给下级不同力度的监管。例如，西夫韦超市的部门经理或许已经把定期视察他的所有商店变成了一种习惯，可是一旦到了店里，他可能仔细查看的是肉类柜台，而不大理会洗涤剂部分。

这种方法会涉及资源的差别投资，但是它也可以是简单地承认现实。我们来假设，人们可以轻易地说出一位超市经理是否为不同品牌的洗涤剂留出了恰好的货架空间，但是要确定肉类商品占用的空间是否合适，就要困难得多了。对这两个分类给予不同的时间投资，就能够实现同一水平的控制。

然而，除了控制难度的差异外，或许还有重要性上的差异。

例如，假设要了解肉类商品是否得到适当展示所用的时间三倍于了解洗涤剂展示所用的时间。但是，如果你觉得肉类销售区重要得多，你或许会在那里花五倍于视察洗涤剂部分所用的时间。这也能改善效率。

这个视察过程可能还会有其他一些方面，但这位监管人员完全不必给予它们任何有意识的关注。我猜测，商店的外部装潢以及过道是否清洁，就不会是他有意识去关注的事情，然而，一旦出了问题他还是会注意到。我不知道这是否应该被列入监管内容。或许这位检查员会花更多的时间在商店里走一走，而不是从入口处径直走向他要检查的地方，好让他自己有机会注意到这种事情，但是更可能的是，他只是捎带注意到这种事情。

把不同量的时间用于不同下级，与把不同量的时间用于下级工作的不同方面相结合，会取得最佳效率，而这也再次意味着，有大量已经完成的事情并不符合这位上级的偏好。但是，这会顺便使他在某些领域中的偏好得到更多的表现。

再有，这里还有一个问题：别让你的下级太多了解你在做什么。监管者在迈进商店后，通常会仔细看一看肉品柜台，匆匆瞥一眼洗涤剂的货架。然而，他的下级应该敏感地知道，他偶尔也会仔细看一看洗涤剂的货架。他想让下级对肉品柜台有更多关注，对洗涤剂的货架少一些关注，但他并不想让下级完全忽视洗涤剂的货架。

尽管随机模式是可取的，但是在这个例子中，下级应该了解随机抽查的一般模式。他们不应该能预见到监管者何时进店，要检查些什么，但是他们得有一种权衡轻重的本领，这种本领告诉他们监管者检查不同事情的可能性。这赋予监管者最佳的监管效率。

本章的主题是，想得到高效率的人必须把自己限制在一个明确限定的范围里。他必须接受这种认识：他的工作只能在有限的范围内进行，只因他具有人的有限性。

在写作本书时，东欧的共产主义社会正处于至少是暂时解体的状态。解体的收益之一，是他们原来想控制一切的目标未获成功的情况变得愈发明显了。高层发布命令，但是低层并没有服从命令。事实上，商贩(Tolkach)和黑市看来成了他们经济的基本调节因素。

有些命令得到了执行。例如，保证没人可以被解雇，无论他表现得多么没有效率，这一命令得到了大量公众的支持。其他命令——那些告诉个人去使用新设备、去创新等的命令——以受到严格限制的方式得到执行。他们照搬外国的发展，但还是落在后面。苏联正在进入意大利在20世纪50年代已经达到的阶段，那时交通拥堵刚刚开始成为司空见惯之事，小汽车的数量正在超过街道的承载能力。

他们的产品以质量低劣而著称。如果你有可能搞到西方的服装，穿俄式服装就是落伍的。新技术几乎仅限于军队独享。即便如此，比如说，原子弹毫无疑问是从美国偷去的，尽管氢弹可能不是。在原子弹这件事上，他们分离器的渗透膜(permeable barriers)是在东德制造的，因为苏联的工厂无法满足生产规格，而这全都发生在他们激烈指责美国在德国发展核武器工业的时期。

苏联显然存在两种不同的工业，一种与武器有关，它工作得还算不错；另一种则关系到除武器之外的所有其他商品。在本质上，苏联高层人士显然集中精力强烈关注能直接影响到他们自己生活水平的事情。[①]

第二个重点一直是安保机构，但是除了卡斯特罗和齐奥塞斯库，每个人都显得非常自信，以致他们并没有把太多的注意力放在组织的这个部分。警察、军队的军官，甚至在某种程度上包括政治特警，目前在东欧都变得非常不可靠；而在苏联，他们似乎并没有在当前的困难中发挥任何作用。[②]

第三层的重点表现为对军队的控制，在这方面苏共肯定达到了较高的水平。经济本身是第四层重点。甚至在这第四层的重点上，他们看来已经在尝试只控制经济的某些部分，而且他们显然不大隐藏对让黑市继续发挥作用感到的高兴。

有些精心制订的计划，但是计划通常都建立在不当的信息基础上，而且低层官员都有强烈的欺骗动机。没有人太多关注那些为什么事都制订的计划出现的失败，除非出了最明显的问题。实际上，这些计划经常导致严重的扭曲。根据同菲亚特公司达成的一项协议，菲亚特生产小汽车的旧设备全都被运到了苏联，还建立了一个工厂来生产老式的小型菲亚特牌汽车，而菲亚特自己则转向生产更高级更好的车。过了一段时间之后，苏联决定尝试向西方出口一些汽车。这导致了一些困难，包括英国汽车协会拒绝把车从码头开到他们的验车场，借口是用这样的车做实验真的是太

① 在写作本书时，东德人正在对领导人享用的他们认为的奢侈品进行曝光。从西方人的立场来看，那些东西绝对不是奢侈品。然而，东德人的抱怨是说，领导人生活得比东德的任何人都好得多，这就很有道理了。

② 他们刚刚向他们的牺牲者纪念碑献了花圈，那纪念碑矗立在鲁比扬卡监狱对面的捷尔任斯基广场上（那里是苏联安全机关克格勃的总部所在地。——译者）。

危险了。[1]

上述这些并非在批评苏联政府。尽管我假设读者是了解的，我厌恶这个政府。在上述情况下，他们认识到了对他们工作的真正要求。对他们来说，他们社会的官方理论是不可能执行的。他们所做的，除了看到他们自己生活得相当好之外，就是制造某个计划正在得到执行的表面文章，同时让各种各样与计划不符的事情继续进行。

这些表面文章看来迷惑了西方的大多数知识分子，而且更重要的是，糊弄了大量苏联人，甚至是那些他们自己就在经常利用黑市的人们。

这里的问题，或者说解决办法，显然存在于帕累托对“本质”与“偶然”的区分之中。大家都认为，苏联体制的本质是计划，等等。但是有一些偶然，现实世界中的困难，被认为是对崇高宏伟计划的背离，而这个计划则是苏联体制的本质。实际上，很可能正是这些“背离”才是苏联体制的本质，而那个宏伟计划则纯粹是粉饰。

制订一个纯粹粉饰性的计划完全是司空见惯之事。许多美国公司偶尔会为将来制订个计划，而且由于付费高昂的行政管理人员花了些时间来制订这些计划，我们必须假设他们起了某种作用。然而，无论这种作用是什么，它都不会具体控制未来的发展。

这样的计划无处不在。我的姐姐和姐夫住在艾奥瓦州的一个

---

① 在美国，尽管我们并没有用这种办法进行控制，但我们的生活费用指数却要根据汽车质量进行调整 。有一度，我们曾用那种特别愚蠢的标准——小汽车的重量，作为汽车质量的一个依据。

小城，出于联邦纳税人和北爱荷华大学的好意，小城刚刚收到了一份未来12年的发展计划。计划是美好的，而且这个计划的作者在此类事务上经验丰富，使该计划的有些部分含糊其辞，以防在实际发展中被找出错误。但是如果小城真的实行了这一计划，那也只会是一种偶然的巧合。

读者可能会记得，不久前法国模式的指导性计划曾经风靡一时。一位就这个题目开了个讲座的法国经济学家指出，那不是“计划指导(*plan indicatif*)”，而是“计划粉饰(*plan decoratif*)”。换言之，它对实体经济没有影响。作为计划过程的一部分，同行业各公司的高层行政管理人员组成多种委员会，这为他们提供了从事一定数量垄断密谋的机会。

当我还在乔治·梅森大学任教时，我们有个学生，能讲一口流利的挪威语。我们把他送到挪威去做关于挪威经济计划的博士论文。我们以为这会特别有意思，因为挪威40%的经济在外贸部门。这个学生发现，挪威的计划简直比法国的计划还无效。计划确实每年都在印制，由一小批公务员发布出去，但是，计划与现实的关系多少是随机的。其实，他发现在他考察的那个时期，挪威政府所做的按计划说他们绝不会去做的事，要多于按计划说他们肯定会去做的事。这大概只是个巧合。

暂且不谈这个枝节问题，我们讨论的主要目的是探究为什么组织会不怕麻烦去制订这些计划。大概制订计划会起到鼓舞士气的作用，要么，这种计划体现的一般精神会对公司有帮助。也有可能，单是时常对某个公司或政府机构的组织作一番全面思考就是值得做的活动，哪怕这些“计划”不大可能实行。

至此，我们一直在谈论努力得到最大程度控制的方法。现在，我想要转向加强控制的一种不同方法：选择主要事项进行控制，即放松控制。从某种意义上说，这包含了一种矛盾。某人想做 A 事，但认为 A 事太难，于是做了 B 事。这么做是否加强了他的控制并不特别清楚，取决于他对 A、B 两事的相对评价。

然而，有理由相信，人们或许对这种变动感到非常高兴。这被称为"认知不和谐衰减（reduction of cognitive dissonance）"。当一个决定做出之后，大多数人都会改变他们的偏好函数，以使他们所做的这个决定看起来比他们决定之前要好。这个众所周知的心理学现象在这里也适用。例如，人们过去常说，戴高乐将军不是在做他喜欢的事，而是喜欢他必须得做的事。我们中的许多人成功地改变了自己的偏好函数，以至于无论我们做什么或是用什么，我们都会觉得自己的偏好函数高于我们开始做或使用它之前的情况。显然，这是另一个广为人知的例子，说明人类是能被教化的，让人安心。

但是现在我们要转向选择的另一些方面：根据你能控制的事选择你要做的事情，而不是根据不存在控制问题时你根本就喜欢的事选择你要做的事情。一个例子是法律。这是政府独有的方面，在组织研究中经常被一带而过，但是尽管如此，法律却依然有着巨大的重要性，而且法律的执行确实需要一个组织。假设我们有位独裁者，他对他想让人们做的事有确定的偏好。在这些偏好之中有一种情感是，他们应该戒除盗窃行为。他宣布了一项制裁盗窃行为的法律，并建立了一个执行机构以防范盗窃。这类组织是很容易设计出来的。

这里有两个不同的任务：其一，发现窃贼；其二，做出该如何处理的决定。这个最后决定包括从证据确凿的发现中挑出意外和错误的发现——换句话说，就是看看你到底偷了些什么东西，侦查机构意外抓了无辜者的事不大经常发生。

侦查机构很容易进行控制。实际上，甚至不一定要有这么一个机构。许多社会——例如传统的伊斯兰教社会——没有任何正式的政府机构去发现窃贼。安全靠的是老百姓个人看到他们的财产被盗，或是偶然发现有人在进行偷盗并向法院告发。这样被发现的窃贼大概会少于由一支正式的警察部队逮到的窃贼，但是这种做法有实行残忍惩罚做补充。尽管这种做法相当起作用，但在今天，我们还是反对砍去窃贼的手。

然而，在有正式警察部门的国家，要确定警察捉贼的效率并不特别困难。只要问问普通百姓他们最近有什么东西被偷了没有，你就可以看到发生了多少盗窃事件；你也可以看到有多少窃贼被送上法庭进行审理，以及法庭判定他们有罪的百分比。如果法院发现无辜者的比例过大，也就是说，法院要求的证据标准为给盗贼定罪制造了困难，那么效率低下就发生在法院系统，而非警察系统。如果判定给罪犯的惩罚很轻，假如极少有人被抓到和被判刑，偷盗变成了一种付费的专业，那么，问题还是出在法院，而非警察。

对于施政者来说，要确定错在法院还是在警察，应该是件相当容易办到的事。目前在美国，我们遇到了一种由法院系统导致大量无效劳动的情况——各个法院联合起来从轻发落，[①]使定罪困

① 主要办法是使监狱费用昂贵，而且并非特别令人不快。其实，费用昂贵和并非特别令人不快这两者的结合意味着，刑期必定会短（为了节省资金），而且条件一点儿都不恶劣。

难。比如说，施政者相信了犯罪分子脑子都有毛病，需要的是治疗而非惩罚，因此我们不应该惩办他们。这可能确有其事。如果是这样，这整套机构对任何事情几乎都不会有什么威慑力了。然而，我们要假设，我们的这位施政者相当保守，坚持认为处罚窃贼是降低盗窃发案水平的一个好办法。

我们将主要考察法院，而非警察部门，因为根据上述方法对警察容易进行监管，我们只要看一看警察的实际侦破活动在全部已实施犯罪中所占的百分比就行了。这里应该强调的是，在美国，无论如何，法院系统都包括检察官和其他法律工作人员。

近年来，特别是联邦法院，做了许多事情，使得为犯罪分子定罪更加困难。他们的策略并没有导致定罪率的下降，因为地区检察官通常只把他们认为稳操胜券的案子拿到联邦法院来。因此，重证据的法律并没有降低定罪率。定罪率在联邦法院达到 90%以上。

法院规则的一个结果是，对于被警察当作犯罪分子侦查的许多人，只要地区检察官觉得，出于这样或那样的理由，证据不足以通过现行规则，他们就会宣布侦查无效。而且，警察甚至不可以逮捕他们明知道是有罪的人，如果他们预见到法院会放了那些人。这在更大程度上与实际中的无罪开释一样是法院系统的失败，而且应该直率地向法官问责。地区检察官和警察都是在程序规则上做文章。

在法院系统中，我们唯一要盯住的是法官，尽管正如我们已经指出的，监管各个层面是相当容易的事。法官非常轻易就能进行控制。这是几乎世界上每个国家都在使用的一种简单系统，尽管在美国，“法官”中的许多人是我们称之为陪审员的外行。所以我们得从世界上大部分地方看得到的专业司法人员开始讨论，而不是从英式体系古怪的规则开始讨论，然后我们再来讨论陪审团。

正常情况下，司法人员是一群裁决案件的人和依法必须注重证据的人。他们经常举办各种正式的听证会。他们还应该与案件没有任何个人牵连。通常，这些条件中的任何一条未得到满足都会很容易被发现，特别是在盗窃案上，法官不大可能与案件有个人牵连，除非他碰巧和被告有亲戚关系。[①]

这些规则使施政者惩治窃贼的法律取得了高水平的业绩。要求法官举办听证会或以某种方式来熟悉案件，同时还要求法官必须消除做其他事情的动机，只能执法。[②] 这种要求意味着法官很可能会执行这些指示。这种可能性可以通过上诉制度得到改进。但是，我们暂且不讨论这种制度。

做这种工作的官员不一定是法律专家。大多数欧式政府的特点是，凡正式法官都是专职的法律专家，美国体制也是一样。当然，在美国的许多案件中做出裁决的陪审团是外行，[③]但是这种制度绝非世界通行。在古老的中华帝国，英格兰之外的英帝国，[④]以

① 实际上由犯罪集团为法官付费的法院，正如在像纽约那样的某些美国城市中不幸存在的那样，在整个世界上都是非同寻常的。如果施政者想要避免这种活动，没有理由说他做不到。受贿法官必定是这样一个人，他一定要让有可能成为被告的人知道他可以接受贿赂。因此，他至少必须在某种程度上宣扬此事，那么警察应该可以顺藤摸瓜，把他查出来。

② 法官执法的动机非常弱，但那是相对于做任何其他事的零动机而言的。

③ 参与许多欧洲庭审的陪审推事也是这种情况。

④ 这种制度并非绝对一模一样，而是大致一样。

及罗马帝国，法官就是有关地区的主要行政官员。中国的地方官本来就是中央政府在一个县里的控制象征，断案只是他的职责之一。那些罗马的总督也是同样，实际受理案件。[①] 在英帝国，地区行政长官负责一切事务。

法官的专业化显然不是必要条件，而且任何一个愿意让陪审团为自己拿主意的美国人都肯定同意这种看法。必要的是，要由已经相当熟悉事实的某个人做出裁定，正式的听证会是做到这一点的保证之一。但是，整个事情是否能够用文件——即诉讼手续、证据的副本等——来处理，我们还不知道。

我所了解的有利于正式听证会的唯一论点是，法官和/或陪审团实际上与证据有所接触。如果只让他们在做研究时默默地阅读，他们可以决定别那么麻烦去拿出大量证据；否则，使用书面证据会比口头听证会有效得多。英式的上诉法院就用书面证据办案。

保证裁决者熟悉案件事实的重要性，说明了对司法过程中"政治"干预的普遍厌恶。这种厌恶在独裁政体看到的与在其他地方看到的一样多，尽管施政者本人通常会让自己的意愿不受政治规则的支配。不过，他极少有时间或兴趣，能去干预大多数案件。例如，乔治·布什在确定一个人是有罪还是无辜方面或许并不一定比随机选出的有 12 位陪审员的一个陪审团会做出的决定差，但是

① 在罗马，实际案件总要尽力被向下推给自治市，而不是由中央政府来处理。但由中央政府处理的案件则由普通官员处理。正如在中国，皇帝本人是最终的上诉法院。

他实际上大概会根据对事实不恰当的了解来做决定，只因为这事不值得他花时间给予那么多重视。

因此，如果某个施政者打算开始就个别案件向法官下达命令，那就会降低法院执法的效率。在实践中，施政者极少干预个别案件，而且通常付出强大努力以看到他们的其他高官也没有干预个别案件。在这些情况下，一个施政者的法律可以得到相当有效的执行。

那么，这就是一个施政者几乎无须监管就能使他的意志得到执行的领域。如果他想要更多监管，而不是只依赖低层决策者个人没有利益冲突，上诉法院系统可以提供这种监管。当初审法院做出一项裁决后，这项裁决可以被上诉到一个由——比如说，五位法官，甚至可能是好于一般法院的法官——组成的更高一级法院，而我们一直在谈的防范多少就会得到加强。上诉法院甚至不大可能直接插手案件，而且可以轻易地防止出现利益冲突。由于上诉法院是对案情进行重审，它也不大可能犯简单的错误。再说一遍，执行施政者的意愿可以使用这种易于进行监管的活动方式。

然而，陪审团却是一项专门技术(但是，它是否增加或减少了美国人民以法律方式对美国人口行为进行的控制，尚不清楚)。陪审团本身是一种有名气的民主组织，陪审团中的 12 个人被赋予一个机会去了解某个案件的实情。有关证据的法则意味着，他们得不到他们想要的那么多证据，但是他们根据了解到的情况做出最终裁决。这看来好像是，尽管 12 个人的随机抽样样本相当小，但他们却往往会做出如果所有美国人民都了解了这个情况都会做出的裁决。

然而，毫无疑问，当法律偏离了陪审员认为是正确的东西时，陪审员对法律的关注相对较少。在某种意义上，这是一种几乎极端的“抄近道”的例子。美国人民通过陪审团这种方式，就能够在根本没有任何真正监督的情况下，使他们关于执法的想法获得大概相当好的执行，但是这里有一个税收成本。人们必须定期担任陪审员。①

陪审团及其控制的问题，提出了在利用法律作为控制机制实现你的意志方面唯一真正困难的事情。你不得不建立一个要么对实际结果漠不关心，要么附和你说好话的机构。在历史上，大多数统治者都直接尝试选拔在大多数事务上与施政者保持大体一致的法官。尽管陪审团是一种杰出的办法，选拔出了能与假设在民主国家实行控制的老百姓保持大体一致的人员，但是雅典人有时使用的 600 人小组会是更好的人口样本。

还要重复一下，陪审团并不意味着成文法必然得到执行，如果成文法与道德原则有了某种冲突的话。在历史上，独裁者、国王和其他统治者似乎大都倾向于选择与他们意见一致的法官。在我们的做法中，陪审团极少对法律有太多关注。在调查问卷上，人们也可以看到，法官总是把维护“正义”作为他们的第一或第二目标，而且也把“坚持成文法”作为他们的第一或第二目标。共和党人喜欢坚持成文法，民主党人青睐正义，但是两者都把另一项当作第二目标。我认为，这表达了一个事实：发布命令的人——在美国是人

① 假如陪审团是真正随机选拔的，强制担任陪审团职务的费用就相当于一种人头税，因此也就成了最小的一种额外负担。

民，在其他地方是施政者——他们心里并不完全明白他们究竟想要什么。

在美国，我们的法律有许多规章制度。当我们遇到具体的规章制度问题时，我们通常只听从于法官，而非陪审团。规章制度是由禁制令来实施的，而不是由有陪审团参与的正式法庭辩论执行。特别是在所得税的问题上，美国国内收入署为了大事化小，极不愿面对陪审团。只有当一个富人做了明显违规的事时，他们才会愿意求助于陪审团来处理他们的案子。否则，他们会搜肠刮肚，为被指控为违规的人想出各种避开陪审团法庭辩论权利的办法。

但是，这种不难使你的意愿得到执行的办法，显然只能用于有限的决定，尽管是重要的决定。大多数政府都依赖于这种办法。在私营组织中也存在某种相似的东西。通常情况下，大多数公司都有一套为会计职能精心制订的规则，这种职能提供的数据将用于更高层的决策。在某些情况下，这套精心制订的规则由会计专业本身建立，但在另外一些情况下，还有针对特定公司的规则。

大多数公司有一个执行这些规则的机构，以审计部门的形式存在。这个部门的行为很像欧洲的地方官：它走出门，仔细查看有关事项，与人交谈，然后确定是否发生了违规的事情。再说一遍，这种做法无须多少监管就可运转，因为审计师大都没有利益冲突。这是某人的命令不难得到执行的另一种情况，但是也还得说，只在有限的领域内可用。

在法官和陪审团，以及审计师这两种情况中，有一个领域是决策者的私人利益与组织首脑的利益相冲突的。法官们想要的闲适多于统治者想给的，也就是说，法官们对案件的考察少于统治者认为理想的考察。在某种程度上，上诉程序用重审案件来处理这种情况，因为个别法官可能被发现犯了错误，由此，他的事业前程多少会受到影响。当然，如果他是位美国联邦法官并且不可能被解雇，这个变量就不重要了。大多数公司也有一种安排，请一家外面的会计师事务所制订年度审计报告，而这种会计师事务所会不时被更换。

在上述两种情况中，无论谁来决策，都无须花费许多时间进行监管，就能相当容易地使自己的意志得到准确的遵从。不过，这两种情况都只适用于有可能实行的指挥结构中受到严格限制的领域。然而，大多数国家都倚重法律，而且大多数公司也非常倚重核算，这大概是在这些情况下简化执行首长命令的结果。本章的目的是讨论某人使自己的命令易于得到执行的领域，因此，想要自己的意志得到执行的人就专门指在这些领域中的人。

在审计的情况中，只有当顶层人士的目标只是赚钱时，审计才能起作用。我们此前已经指出，人们有可能向着他们能够做到的方向改变目标。那么，在大多数经济中以赚钱为主的部分占据着主导地位，很可能出于这一事实，即在这个领域中监管相对容易。①

采购是相对容易监管的另一个领域。如果有人研究公司，要造还是要买的问题常常被认为是个难题。选择购买的主要原因之一必然会是，如果你有许多竞争的供应商，你对你实际能买到商品的控制，大概会比你同自己的制造部门打交道容易得多。正如我

① 这包括共产党国家的经济，尽管在共产党国家经济中，以赚钱为主的部分常常要么以非法的黑市形式存在，要么以隐秘的补贴高级官员的形式存在。

们曾经提到的，确实有一个完整的由奥利弗·威廉姆森首创的研究分支已经指出，在一家公司同一个垄断供应商打交道的地方，这家公司买下这个供应商就会是明智的，因为不可能产生竞争性购买。大多数人在买东西时都不会想到，他们是在将自己的意志强加于他人，但是如果你是一相当大的买主，这就确实是事实。各式各样的生产者都在努力猜测你想要什么，并向你提供你要的东西。他们也会努力在他们到底卖的是什么东西上欺骗你一下。但这在你自己的等级制组织中也会是事实。

我们曾提到，使你的意志得到执行的一个办法就是去谋取尽可能多的利润，并利用核算制作为测定利润的手段。这是把你的愿望限制在容易控制的事务上的一种相当极端的情况。即使是在这种情况中，正如我们以前强调的，如果你把注意力完全放在核算制上，你也不会真正使利润最大化。然而，这大概是使你的意志得到执行的最好办法了，哪怕它要求改变你的意志。

这个简单的事实可能就是为什么购买与销售、加工制造等，往往会随时间推移在任何经济中都占据主导地位的原因之一。即使东欧的前所谓计划经济，也得要让这类追求利润最大化的群体发挥作用，如商贩和黑市。追求利润最大化方法的主导地位从来不是完全的，而且在这种方法所占比例非常小时，经济体也能运转。生存农业经济(subsistence agricultural economies)就是这样一种组织，其中的大多数人直到最近还以此为生；但在这种情况下，基本的经济活动是为你自己生产食物，而任何交易则要利用利润最大化的方法才能得到最大发展。

不过，很难说使易于控制的活动实现专业化就是人类社会的终极目的。幸运的是，一个合理的、利用这种方法进行控制的自由市场，实际上将实现许多其他个人的目标，虽不是所有目标。但这是一个要牢记在心的重要思想。

在前一章，我们谈到了改善你对各个领域控制的方法，就是减少控制领域。在本章中，我们讨论了增强你控制的尝试，只控制易于控制的事务。这两种方法密切相关，但不是一回事。而且，上一章的方法不需要你有任何自己的专长，而本章的方法则需要你有专长。这两种方法的另一个共同特征是，它们都假设，你有办法让你的下级去执行下达给他们的命令。至于激励，以及低级官员有什么办法能不被完全控制，就都是下一章的主题了。

第十二章　激励

大多数个人都有他们自己的偏好，而且也不大乐于照他人的偏好办事，即便那些他人是他们名义上的上级。在平常的商业交易中，这同样也是事实。高档餐厅中彬彬有礼的服务员大概并不特别在意自己是否给消费者提供了高质量的服务，他提供这样的服务只是因为，那是他赖以为生的方式，尽管众所周知的那种对工作技艺的骄傲也确实存在于许多地方。

这位服务员处于一种特别明确的情形。餐厅的监管人员一定要使这位服务员相当忙碌，而且他收入中的相当大一部分来自消费者的小费，因此他有强烈的金钱方面的动机去取悦消费者。大型官僚体制中的个人如果不想执行上级的愿望，他逃避的能力通常要大得多。

要解决这个问题，通常就是使用胡萝卜加大棒。甚至奴隶劳动集中营也使用胡萝卜。读者可以回忆起在《伊凡·丹尼索维奇生活中的一天》的第一章中，集中营的管理层要求志愿者去完成一项特殊任务，并允诺自愿参与者可以得到较好的待遇，而不是仅仅下个命令了事。但是伊凡认为，那种待遇是不会兑现的，所以他拒绝了那次机会。

从顶层人士的角度看，使用胡萝卜加大棒的方法有些缺点，他们可能想把使用这种方法涉及的资源用于别的事情。例如，如果你不必给员工开工资，你可以到里维埃拉多度几次假。但是，不幸的是，你确实得给员工开工资。其实，我们以前讨论的监管时间中有一部分就是专门用于确定究竟该给个人什么奖励的。在我们的社会中，我们经常与联邦政府或是地方政府的、私营公司的或是非营利组织的雇员打交道。没有真正的惩罚，不过，由于一些做法有时候会被算作惩罚，这一事实被稍微掩盖了。

人们过去常说，当J.爱德华·胡佛不喜欢某位官员时，他会把这位官员派到联邦调查局驻比尤特(Butte)*的办事处。这被看作是一种惩罚，但实际上并不是，因为如果那个人愿意，他可以自由离开。真正的惩罚是大大削减其奖金。削减某人的奖金与真正的惩罚之间的选择是很容易混淆的。从此人的情况看，在发生变化之前，除了他总可以拒绝接受奖金的削减并辞职之外，没有什么大不了的区别。但是对于真正的惩罚，他不能这么做。

这是资本主义或者说任何开放经济的特征之一，即使人服从的基本方法是胡萝卜，而大棒则仅限于防范犯罪以及具有犯罪性质的事情。一个被判了十年刑的人不可能自行决定终止刑期。共产主义过去的特征之一——并不像它所说的那样——是重用大棒，而不用胡萝卜。

除了在党的等级制本身和对某些受重用的知识分子，在收入上确实找不出多大合法的差别。而且，可以获得的收入差别得靠提升到行政管理职务。一个工厂中只有少数人员能被提升到那个

* 又译作“巴特”，美国地名。——译者

层次。结果,可用的就只有大棒了。在苏联,有各种各样的规定使人难以辞职,这就意味着,在相当大的程度上,各行各业不必争夺劳动者。

然而,肯定是在斯大林死后和更近的时期,官员们不大愿意使用大棒了。在本书写作的时候,苏联政府是否能改变这种情形,完全放弃对大棒的使用,这个问题仍然悬而未决。他们是否愿意接受差别工资这根胡萝卜,把某些高回报付给运气好的人——我们无法避免这种情况——也是个悬而未决的问题。

大多数美国知识分子喜欢把在一个真正自由的社会中广泛使用不同规格的胡萝卜与苏联体制中的保障结合起来。显然,这两者是不能结合的。美国右翼公民的传统观点是,应该允许收入完全自由多样,但应该有个安全网,接住可能掉落的人们。这意味着,除了惩治犯罪活动外,完全使用胡萝卜而不用大棒;但这也意味着,有些人将得到一些非常大的胡萝卜。

推测共产主义生活的讨论已经够了,现在这种推测正呈现出迅速的变化。让我们转而看看美国等级制中某些地方,政府的或私营的官员的情形,并考察一下他试图使自己的偏好(而非他上级的偏好)最大化的办法吧。我们应该牢记,他的某些偏好大概会与他的下级执行的任务有关系。他面对的是个综合问题:既要获得他自己的独立,又要获得他对下级的控制。但是我们现在将讨论的是前一个方面。

那么,一个下级的真正意愿是什么呢?首先,他大概不会愿意像上级要求的那样,工作得那么辛苦。他可能只是不特别卖力地工作,或者可能努力工作但是想要干别的事。这个问题对于脑力劳动者特别尖锐。光是看某人一眼,几乎不可能得知他在想什么。他可能在想派给他解决的问题,也可能没想。

根据结果判断,看看他是否拿出了一些解决方案,这是一种方法。但糟糕的是,不同的问题具有不同的难度。一位监管者,如果不愿拿出比试图解决某个问题的人在这个问题上花费的更多时间,确实不大能够说出,此人是否找到了一个最佳解决方案,甚至也无法说出,此人是否在一段时间中一直在思考这个问题。这个难题可以用一种相当简单的办法加以解决:给某人许多问题,然后用大数法则来考察他的解决方案的质量和数量。

然而,确定这些问题解决方案的质量,大概是不可能的,除非有一种客观的评定标准。上级要对这些解决方案做出判断,必须花费大量时间,以至于他几乎没有时间去做其他事情。在一个非常长的时间段中,可以使用从这些方案中抽取一小部分随机样本的方法,上级不用花太多时间就能利用这种方法。但是,我们并不知道,这是否是个高效的方法。

体力劳动比较容易测定,但是即便是对体力劳动,也只有经过细心研究才能确定某人应该做多少工作。常用的方法就是对做同类工作的不同工人进行比较,工头心里很清楚这种工作应该用多少时间完成。实际上,这大概意味着健壮的人不必出大力,而弱小的人则需超负荷工作。这种不相称产生于让大家都使用同样的标准。避免这个问题的方法并不具有一般的适用性。

从这些考察中,我们可以得到的结论是,完善的监管太难了,对于脑力劳动尤其如此。不过,只要监管人员能办到,他们还是应该尽力把工作做好。在一家商业企业中,对下级人员加大压力可以意味着下级人员辞职，或是给他们更高的薪水。

我们在这里正在讨论的是低级别官员，以及他使自己效用最大化的努力，而不是他上级的这种努力。无论上级可以给他什么奖励，或是上级没办法对他进行处罚，都是他的效用的一部分，尽管他还有其他的效用。我们已经提到过他的意愿——通常不会像他的上级想要的那样努力工作。再说一遍，这不一定意味着他很懒。如果他从事的是脑力劳动，他可以做闲散的白日梦，可以操心他自己的股票投资，甚至也可以尝试去解决一个他的上级毫无兴趣的科学问题，而在做所有这些事时，他看起来都在集中精力于雇主的意愿。

联邦政府有个这类的特别棘手的问题。许多雇员个人对于他们自己所在部门或这个部门中的科室该做些什么，已经有了成见。他们可以花很大精力去做这些事，而不去关注上级的目标。这可以是作为一个整体的政府确实想做的事，但在更经常的情况下不是。通常它本身不会与公众利益相对立，尽管有时候对立也可能是事实。但是，它通常不会有助于上级认为的组织的主要目标，而且也完全可能倒行逆施。

我离开外交学院(Foreign Service)已经很久了。在那里，高层官员的意愿与下级官员的活动之间根本就没有一致性，这正是下级官员不做很多事的主要原因。除了醉心于各种特殊爱好的人，大部分人都不太刻苦。例如，一位大使憎恨他出使的那个国家的政府首脑。这位政府首脑与美国国务院的关系也不大好，但是这位大使在与这位首脑交往时，比在正常情况下还要消极得多，连他送回美国的报告也明显受到其个人强烈情感的影响。

泰勒将军是我在韩国使馆最后那段日子里美国陆军第八军的指挥官。他对自己军队里发生的事几乎一点兴趣都没有，但对五角大楼和总统办事机构里正在发生的事却有着极大的兴趣。同他的指挥有关的努力，大都被用在了不让更高级领导见到有关他的不利报告上。

但是这种方法只不过是这个人与上级交往的部分方式。如果这个人的活动与上级的要求不同，他必须当心，别让上级得到的信息暴露出与上级意图的任何不符。如果这个人是在完完全全地执行上级的意愿，他也要充分控制住这种信息流，因为他想要确认传递出去的是好消息。

这个关于低级官员试图通过控制自己的信息来控制上级行为的讨论，重复了本书先前所说的一些事情。这种重复的关键在于，必要的激励是以上级所能得到的信息为基础的——信息可能由于随机的错误而不准确，或者更重要地，因为下级人员想让它不准确而不准确。

上级给予下级执行其愿望的激励越强，就越激发下级去扭曲上级能得到的信息。过去在英国的文职官员中有一种“兄弟帮”理论。由于所有的提拔晋升都按年资进行，因此，基本上没有理由能说明，为什么兄弟帮中的任何人要欺骗别的人。这并不是说不存在这种欺骗。各种各样非正式的激励，比如说好话或是说坏话、请客吃饭等，都取决于兄弟帮中其他成员得到的信息，因此，还是有偶尔稍微欺骗一下他们的必要。

从另一个极端来说，在 20 世纪 30 年代，斯大林为使他的高级官员服从实行了只能说是极端严厉的激励。这大概最大限度地激发了高级官员去控制斯大林所能获得的信息。显然，斯大林对付这种做法的手段是为一丁点小事和对他意愿的稍微背离而杀人。由于他的疯狂，随意的屠杀也是有的。

现在我们来谈激励本身，然后再把信息问题和激励问题合并来谈。我们的社会中存在一种强烈的虚构的看法：正面激励要比负面激励好。我认为，这种看法的产生在很大程度上是由于前者比较美好这一事实。谈到奖励好事总比说起惩治恶事令人愉快。在现代犯罪学中可以看到同样的现象，大多数犯罪学家都不愿意把惩罚当作施加痛苦的办法；相反，他们把惩罚看作是改造罪犯的教育过程。由于我们能够施加痛苦却不知如何进行改造，这种态度是自寻烦恼。

认为负面激励不起作用，特别是在复杂活动中不起作用的看法，与我们具有的证据相抵触。索尔仁尼琴的著作《第一圈》是严格依据事实写出的小说，讲的是苏联秘密警察管辖的一个研究实验室，同时也是关押科学家的一所监狱。这些科学家做了什么事激怒了秘密警察而被捕，或是在某次随意搜查中被捕。他们被囚禁在这所监狱中，并按照命令进行科学研究。如果他们拒绝，他们就受到狱中各种纪律制裁的威胁，或者被送去普通的集中营。所以，在这部小说中和在现实世界中，他们都在从事研究工作。

另一个由负面激励实现的高级工作，是在德国达豪的集中营，其中有一个制造高技术“V”型导弹的工厂。尽管只使用负面激励，[①]囚犯们还是高效而且大量地制造出了这种难以生产的装置。

① 除非你打算说，留在集中营里而没有被杀害是一种正面激励。

就像由苏联内务人民委员部管辖的研究机构，这种工作绝非日常工作。由于美英的轰炸攻势，供应会间歇性中断并经常被延误，导致生产过程临时迅速变动。囚犯们大都痛恨纳粹，但在负面激励下被迫配合这些变动。

负面激励曾被用于其他许多活动中，这在世界史中随处可见。大多数南方的奴隶种植园就是这样。在奴隶解放之后，南方的棉花和其他谷物生产急剧下滑，因为奴隶们不愿为了正面奖励而长时间专注地工作，他们以前愿意这么做是为了免受鞭挞。但是这并不意味着南部地区的实际产量下降了。现在奴隶们所能享受到的闲暇，也是他们从前享受不到的闲暇，显然是南部经济的一个产品，奴隶们对它的评价要比对棉花的评价高得多。因此，最终结果是，总产量实际上提高了。只是闲暇并未被包括在统计之中。

要说明正面激励与负面激励的差异也是不大容易的事。在过去十年左右时间中，中国农村的生产率一直在巨幅增长，那是开放市场体制的结果，它允许中国农民因工作得到正面激励。[①] 然而，如果一位美国农场主面对给予中国农民的收入水平和生活水准，以换取同等水平的工作，那美国人无疑会把它看作是负面激励的一个极端例子。

从技术上说，这是介于正面激励与负面激励之间的零点位于何处的问题。假设某位西蒙·勒格雷(Simon Legree)式[②]的南方

① 更精确地说，是一个稍微受到控制的市场体制。

② 当然，西蒙·勒格雷是个工头，不是奴隶主。

奴隶主宣布了一项政策：每周五要对所有奴隶鞭打50下，但是也提供了正面奖励，如对于努力工作的人可以免于鞭挞或减少鞭挞的数量。我们或许会反对说，在这个链的零点中不该包括鞭挞(但是没有真正的理由说明为什么必须不包括)。如果我们谈到工资水平，就更是如此。现在世界各地的人们赖以为生的工资水平是很不一样的。在印度农民看来是已经得到了很大改善的收入，在一个美国人看来可能是严厉的惩罚。其实，大多数美国监狱提供的生活水平都要高于世界上许多自由民众所能获得的生活水平。

如果这个关于正面奖励和负面激励的讨论有什么意义的话，那还得从我们正在考察的这个人的现状开始说起。因此，一位现在年薪为50万美元的大公司的副总裁，会把减薪到25万美元看作是一个严厉的惩罚。一位现在年薪为25万美元的副总裁助理，会把有可能加薪到50万美元看作是正面奖励。尽管对这两个人来说，收入的变化数量是完全一样的，但只能根据现状说这是正面激励还是负面激励。对于公司中的许多人来说，25万美元的收入会被看作是一个非常大的正面激励。

在我们的社会中，不允许有真正严厉的负面激励。我们不能鞭打工人，不能开枪射杀他们，或是把他们送到古拉格群岛*。其实，大多数在这个领域中著书立说的人都是学术界人士，拥有既不能被降级也不能被解雇的职位。[①] 在这样的情形下，负面激励虽

* Gulag，索尔仁尼琴著《古拉格群岛》一书中描述的苏联关押政治犯的地方。——译者

① 他们可能遭受烦恼，在通货膨胀期间，他们要求提高工资的请求也可能被拒绝。

不是没有却范围狭窄，而正面激励则范围宽大，因此，大多数人主要指望得到正面激励恐怕是合乎情理的。在这样的情形下，把雇员的工资标准定在你全面考虑到激励之后愿意支付的工资水平之下就是明智的。这样做能使你有可能给予更多的正面激励。

另一个问题是，正面激励几乎无一例外地要花费监管者或监管者雇主的钱财，而负面激励的成本则往往比较低。其实，负面激励使受害人的生产能力降低，无论是处决他还是使他在承受负面激励的过程中受到严重伤害而无法工作，都是负面激励带给雇主的主要成本。再重复一遍，在我们的社会中，负面激励是不允许的。我绝对不是在抱怨这个事实，但是我们应该牢记，这种激励方法的使用之所以受到限制，是因为人们不情愿使用这种方法，而不是因为这种方法无效。

我们的社会中也确实存在负面激励，尽管是轻微的。强烈的责备经常被认为是负面激励，但它通常之所以重要，主要是因为它带有解雇的威胁。除了解雇，诸如对雇员进行罚款并从他们的工资中予以扣除、降低他们的薪水，或是把他们调到工资较低的不大重要的地方，都是可能使用的手段，但这些都极少使用。上级们显然觉得，让一个不称职的人待在自己身边，不如把他解雇另外请人替代他。由于这种态度，在一个灵活如我们所有的劳动力市场中，负面激励非常倾向于干脆解雇。

还要重复再说的是，你使用的是负面激励还是正面激励，并不一定是显而易见的事。例如，一家汽车代销商用底薪加销售佣金的方式雇用销售人员，但是底薪很低。在这里，如果是在既没有销售也不存在佣金的情况下，那就很难说它提供的销售佣金是正面激励还是负面激励。如果销售人员是在知情的情况下接受了这份工作,他们大概就愿意接受这种激励方法,对他们的士气也就不会有太大影响。

如果信息和控制都是完善的,为全面控制下级人员的行为,使用大量小激励是明智的。但实际上,我们拥有的信息不够完善,不能对大多数直属雇员提供小激励。因此,我们常常不得不提供奖金或加薪,或者偶尔,把相当长时期内相当大量的行为当作一个整体来考虑,而不予降薪。

然而,在我们的社会中有一个领域,把小幅增量发放奖励和实行处罚作为具体特定决策的后果,此时,做决策的人正是剩余索取者。比如说,一个商店的经营者兼所有者,他每做一个正确决策就能有所收益,而每做一个错误决策就会亏损。如果这个决定不重要,他们的收益和亏损都很小,因此,对他的激励就是集中精力以最佳方式处理大的决策,而较少关注小的决定。尽管这种方法效率很高,但规模经济以及个人能力的差异还是表明,这种方法不会在任何地方都起作用。

先来说规模经济。想想一家必须很大的大公司,比如说,20世纪初的福特汽车公司。它用一条生产线生产了世界上三分之一的小汽车,大大节约了生产成本。在某些情况下,这样的公司实际上是由一个人或一小伙人拥有的,正如福特汽车公司当年那样,这些人得到了最佳激励。更常见的是一家有着广泛所有权份额的公司。在这种情况下,剩余索取者是股东,而他们在管理上并没有起重要作用。

大多数公司处理这个问题采用的方案是,提供奖金红利或认股权证计划，以使高层官员特别是首席执行官看到，他们的收入会首先依公司利润，其次也更好的是，依公司股票的资本价值①等方面的波动而发生变化。有好多次，所得税法已经使提供这种奖金红利变得困难了，但是，目前奖金红利可以巨大。有个著名经纪人的例子，他一年就将 4 亿美元收入囊中。

然而，在大公司，尽管奖金红利对高层官员是起作用的，但是对于低层，比如说，部门经理，却很难使用同样的方法。问题在于，在某种程度上，部门之间是彼此冲突的，而激励办法有可能加剧这种冲突。

从根本上说，要解决这个问题有两种方法，其中的哪一个方法都不是很好，但两者之间可以有多种折中方案。第一种方法，我的一个朋友在福特汽车公司工作，他发现，分配给所有资深雇员的奖金，无论他们在哪里工作，都是那年福特汽车公司全部利润的一个函数。这就是说，只要涉及的是奖金，这些雇员没有理由彼此杀价。他们也没有多少机会通过改善本部门的利润而增加自己的奖金。他们还要关注晋升的可能性，但不像对给个人分配奖金的方法那么关注。

第二种方法，只要会计部门能做到，就要要求会计部门计算出每个利润中心利润的净贡献，然后根据得出的数据给部门负责人发放奖金。这个方法表现了相反的问题。它给了个人可能是最强的动力，试图通过死皮赖脸的讨价还价、不配合等做法，把其他部

① 正如在第十章中长篇讨论的，以借债收购的方式得到的明显而实际的所有权，是更好的激励。

门的利润转到自己的部门。同时,它也给了个人可能是最大的动力去努力工作,并使自己部门的利润最大化。

大多数公司都会在这两种方法之间做出某种折中,以得到每种方法的好处,但也得承受它们的缺点。

还有一种激励办法,在我们的社会中最为常见,是像福特那样的大公司为除了高层官员之外的所有人制订的。那就是让上级根据他们认为哪个人对企业贡献大小的看法进行提级或降级,加薪或减薪。各种正式激励方法的存在,是因为在顶层没有上级。股东们极少或根本就不注意实际的管理活动。因此,一种自动生效的如奖金计划那样的方法,肯定就比让股东们投票决定谁该得多少要好。

当然,上级的主观判断是会出错的。然而,如果给予他同样的财务数据,让他来计算奖金,他的判断大概要好于我已经提到的任何自动生效的方法。这里的问题是,要给予决策者适当的动力,也因此,我们大多转向了各种自动生效的方法。

营利企业并非是出现这类问题的唯一地方。作为一个非常庞大的组织的管理者,罗马教皇也面临着谁该当高级神职人员、谁该当主教等这样的一些问题。在他的情况下,他可以使用某些相当明确的负面激励,因为他能够免除一位神职人员的圣职。[①]

政府是个更大的组织,而且大多数现代民主政府已经为自己制造了障碍,他们的高级官员在奖励或惩罚大多数文职雇员方面已经不可能有什么作为。然而,处于顶层的人却会由选民决定受奖还是受罚。选民只比一般股东了解情况稍好一些,但又不像一

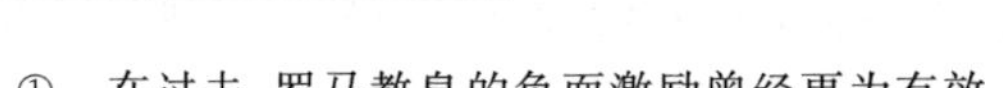

① 在过去,罗马教皇的负面激励曾经更为有效。

般股东，没有从效率角度而言的最佳激励措施。

现在已有许多证据证明，各种各样的政府服务应该由政府公务员提供转变为由一些承包者提供，这些承包者是以营利为目的的个人或公司。从效果看，节约常常是巨大的，大概是由于克服了政府在监管过程中的缺陷。① 这就意味着，这种能够大幅节约成本的活动并没有像人们希望的那样得到利用。而且在许多情况下，私人承包者能够给结果以积极的影响。

在私营公司，从理想的角度说，每个人都应该依据自己在工作上的表现究竟如何得到许多小的奖励和惩罚。企业家个人有一系列类似这样的奖励，但是经济体中的其他人都没有。

企业的最高所有者，无论他是一个小人物还是约翰·D. 洛克菲勒，都可能有一些并不只要企业利润最大化的偏好。从整体经济的角度看，这种偏好基本上无关紧要。一位艺术家不去生产他认为会畅销的画作，而是生产那些销售一般还可以但他喜欢的画作，就是在使他自己的效用最大化，哪怕他并没有使潜在购买者的效用最大化。在一个竞争性市场上，其他人会去填补这个空缺，而且无论如何，以货币计算的全部成本都会落到这位企业家头上。

就大型企业的所有者而言，情况也会是这样。亨利·福特在许多年里都拒绝用一种更加现代和方便的小汽车来取代他的 T 型车。这耗费了他大笔金钱，②而这件事对美国经济的主要影响

① 有时候，能使人相信的要进行这种转变的威胁，也可以在官僚体制自身内造成相等的节约。

② 但他仍然是亿万富翁。

是，通用汽车、克莱斯勒和纳什(Nash)等一批汽车企业的成长壮大。这个庞大的汽车制造商占主导地位的控制稍微收缩一些，我们或许过得更好一些。

正是在这种意义上，我们可以把经济制度看作是效率最佳的，尽管有时候我们并不想要最佳效率。据我所知，提供了可卡因、大麻、海洛因和其他毒品的"行业"，是由一伙极为高效的追求利润的企业家经营的，尽管事实上他们的某些竞争技术是社会不赞成的。然而，即便是在这种情况下，大多数人还是认为，如果这个行业不那么高效的话，我们会过得好一些。[①]

许多人会说，这个行业是无效的，因为它的消费者受到其产品的伤害。这个事实可以在稍轻的程度上适用于许多其他行业，它们提供了消费者愿意付钱购买的东西，而不是外部观察者认为理想的产品。如果你是这位外部观察者，那就太糟了。不过，如果外部观察者打算限制你的消费潜力，你也会不答应的。

无论如何，这种企业家个人并不是我们最常见到的那种企业家。由于各种各样人们并没有充分理解的理由，在美国经济的许多部分中，大企业还是工作得比小企业好。

在某种意义上，这就是规模经济。最简单也最著名的例子大概要数阿尔奇安和德姆塞兹的移动大型集装箱的例子了。规模经济包括的内容更多，因为有大量大型企业在不同的地点经营着不同的工厂，生产着不同的产品。这些情况大概在更高的管理层面造成了某种经济性。例如，高级经商技巧——主要是猜测人们会

---

① 作为一位典型的芝加哥学派的经济学家，我赞成让这些毒品合法化。

买些什么——大概是一种不多见的才能，因此，大型多种经营公司的负责人能最充分地利用这种才能。

我不会说情况确实如此。实际上，我并不知道究竟为什么会存在这些非常大的公司，如费尔菲尔德、LTV 和 ARA。我们能说的是，它们在竞争中获胜了。[①] 不管怎么说，在这些大型的组织中，激励问题是实在的，并且迫切需要一种可行的操作方案，哪怕这种方案远非完善。

在其他组织中，这个问题还要棘手得多。例如，在政府中，没有简单的效率衡量指标，也没有那么一伙人，强烈希望组织高效率（哪怕就像股东，他们几乎不想了解什么情况）。

这里再说一遍，政府单位的实际构成是相当不同的，全无可比性。许多不同国家构成了这个世界，而这些国家的边界要么是过去战争的结果，要么，在那些有民族统一主义运动的地方，将由未来战争的结果来决定。这些国家有着完全不同的政府形式：在一端有古巴卡斯特罗的统治，在另一端有瑞士；但在任何一个国家中，都有大量的各级政府，政府的数量取决于全面放权的程度。

这种情况与市场有些不同。所有的理由都让人相信，一个高度竞争的市场，还有其他一些事物，对所有的市场参与者都施加了压力，迫使他们去实现最佳规模。这种压力是否足够强烈；简单的历史发展是否并不意味着，尽管发生了技术变革，十年前处于最佳规模等级的那些企业却至今还能存在，这些问题目前还不清楚。目前已经清楚的是，在政府领域，这种压力非常微小，几近于无。

① LTV 用了很长时间才获胜，但在当时还深陷困境。

从传统上来看，战争一直是确定民族国家大小的主要技术因素。不幸的是，战争大概确实赋予了那些作为最有效军事机器的国家推动力，但是没有理由认为，这些国家在从事别的活动时也处于最佳规模。

如果我们来看看地方政府和中央政府，再说一遍，那里似乎没有要求效率的任何重大压力。而且还要再说一遍，历史可以导致某个部门在过去的某点上确有效率，但今天已风光不再。

在理论上，我们有一种相当好的办法能说出在任何特定活动上政府的最佳规模，政府越小，直到并包括只有一个公民的政府，它就越可能按照个人偏好办事。假设某种政府活动可以在 A 或 B 的层面完成，而且大约一半人口喜好 A，另一半人口喜好 B。我们再假定全部人口是 25 人，其中 13 人喜好 A，12 人喜好 B。如果这 25 个人全在一个政府部门，利用简单多数票进行表决，就会有 12 个人的愿望无法实现。

然而，假设有 5 个政府部门，而这 25 个选民随机分布，每个部门有 5 人。尽管我们不能进行准确的计算，但是显然，认为自己的政府在执行自己不同意的政策的人会少于 12 个，因为 13 位选民不能在多于 4 个的政府部门中构成 3 人的多数。如果他们构成了这种多数，就会有第五个部门执行 B 政策，而在这里只有喜好 A 政策的 1 人会感到失望。总共会有 9 人失望，尽管利用随机分类，我们会预期这种方法还可以工作得更好。①

① 见我的著作《私人愿望，公共手段》中的“蚊虫叮咬”一章（“Mosquito Abatement,”in my *Private Wants*, *Public Means*, University Press of America, 1970, pp. 3—28）。亦可参见 Yoram Barzel,“Two Propositions on the Optimal Level of Producing Collective Goods”, *Public Choice* 6(Spring 1969), 31—37.

这种首先由彭诺克(Pennock)注意到的现象非常普遍。我们把政府分得越细,认为自己是少数派的人就越少。即使没有用脚投票的做法,也就是说,他们全都待在某个地区,这也是事实。若包括用脚投票,作用就更强。

这显然是要求小政府的论据。遗憾的是,在相反的方向上也有同样有力的论据。各种各样的外部性有着不同的地理范围。我在我的地产上做的事,会影响到我隔壁邻居可以在他的地产上做什么事。而且,我们在我们政府的版图内做的事会影响到其他政府治下的人民。把这些外部性内部化要求更大的群体,而且,事实上,有些外部性实在太大了,只有一个世界政府才有可能使它们适度内部化。因此,要求大政府的论据也很有力。让这两种不同倾向对决并得出一个最佳方案是可能的,由此我们可以得到一个最佳政府规模。

但是,即便这样也还是太简单。我们要假设,所有个人都投了票,而且投的是相当知情的票——一种不大可能的假设。我们还要假设,他们为投票所花费的时间是没有成本的。这些结果加在一起无疑会导致一种新的最佳方案,但与上述最佳方案有些不同。不过,这些计算出来的有效最佳方案却与我们观察到的政府部门毫无关系。

历史在形成政府部门占主导的特征方面起的作用甚至比对私营企业的作用更大。例如,加利福尼亚州和内华达州的政府规模都符合最佳效率。相当清楚的是,这完全是历史的结果。

使用政府激励,情形只会更糟。我在前面提到,在大多数西方国家,文职部门不可能解雇人员。在大多数国家,年资是晋升的重要依据，因此就连因高效而给予的奖励性晋升也很有限。美国一直在实验由高层官员用直接的货币奖励来管理低层官员，但是在我看来，这些往往是例行公事。对于一个刚到办公室几个月，并打算干几个月就走人的秘书而言，根据他认为的优秀标准给官员发放奖金是危险的。

其实，在美国，长期任职的官员有着年金保障和根深蒂固的沟通渠道，特别是与媒体的沟通渠道，处于更有利的位置去给他们名义上的上级施加压力，而不利于上级给他们施加压力。这种情况对于激励计划的影响是明显的。

不过，我们的政府被拆散和权力下放的事实显然是件好事。瑞士的情形——它们的权力下放走得还要远，而且几乎任何政府决策都可以因全民投票而逆转——大概比我们的情形提供了更好的激励。瑞士政府肯定比我们的政府工作得更有效率。

组织的高层、选民本身，都没有简便的办法能说出他们的目标是否得到执行。对于这种情况，很难想到有谁能做出任何改进。在大多数情况下，他们可能并不知道他们想要政府把哪些特定目标最大化。还要重复我已经说过好几次的话，尽管这种办法很糟糕，政府的备选形式似乎更糟。

在有着强大效率压力的那部分美国经济中，一种与联邦制相似的方法有可能解决问题。广泛运用的授权经营显然是在努力把企业家的职能分为两个层次。

在上层，有一个包括各种专家的组织，这些专家制订有效的经营决策和其他政策事务。在这个层面，很清楚的是，小的政策变化几乎立刻就能导致对特许授权经营组织收益的影响。雷·克罗克建立的麦当劳就是著名的事例。

然而，这个组织小得多了，也不大官僚，大量的具体决策都由经营各个店面的个人做出，或者在某些情况下由经营次级连锁店的个人做出，给予这些人的奖励和惩罚数量都不大，取决于他们的效率如何，因为他们的成本和收益都直接是个人的。

遗憾的是，特许授权经营的做法尽管确实改善了激励计划，却不能普遍使用。几乎不可能看到福特如何用这种方法经营他的总装线，但是有些事情可以尝试用这种方法完成。有几种行业（我提到的有建筑业和纽约的制衣业）让许多小商人从事彼此之间的买与卖，结果没有中央组织也能生产出复杂的商品。

有传闻说，克莱斯勒除了保留变速传动系（transmission train）外，已经把它几乎所有改进技术的研究工作都剥离给它的供应商了。他们购买零部件，比如制动器，而且干脆这儿走走那儿看看接触不同的销售者，以买进高质量的产品，就这样给制动器的生产者施加压力，迫使他们去做数量可观的研究并改进设计。这么做是否就比全由它自己来生产要好呢，就像别的汽车制造厂商所做的那样？我不知道。日本的制造商肯定总是比美国公司更多地依赖于专业供应商。

这里我们回到了我们先前一直在探讨的难题。我们再一次发现，对于组织的类型存在着众多看法，而且很难说为什么有些公司用这种类型，有些公司用那种类型。正如我们在第十章中讨论的，人们得到这样的印象，结构上的剧烈变革常常更为重要，只是因为它是激烈变革，而不是因为新结构改善了旧结构。打破所有小的寻租共谋，或许正是公司重组真正的作用之所在。

激励是非常重要的管理工具,而管理结构受到激励的影响就是因为激励能够影响管理结构。如果我们对这些事情的了解比我们现在的了解更充分一些,那当然好,但是,至少我们能够利用现在了解到的东西。

第十三章　总结

到目前为止，读者已经发现，我的困惑多于解答，这能够反映目前这个领域的知识水平。有大量从赫伯特·西蒙的工作开始起步的学者已经在具体研究这些问题。我常常称他们为威廉姆森派（Williamson group），因为他们中的大多数人都被组织进了以奥利弗·威廉姆森为首的有几分封建意味的队列。他们已经发现了大量详细的有关信息。

我在本书中已数次提到那个假设——当两家公司建立起了一种供应者—被供应者的关系，而且他们彼此对对方都有着某种卖方垄断或买方垄断的权力时，他们大概就会合并。我强调了“大概”这个词。有好多时候，并没有出现合并，而是出现了其他协议安排，以使双方谁都不能够剥削对方。

再有，即便我们可以接受买方垄断/卖方垄断这一论点，许多大公司也仍然在涉足表面上看来没有关联的不同部门。大多数行业都有大量不同规模的公司以及根本不同的组织。有一个例子：在亨利·福特以一种完全协调的方式生产 T 型车的时代，福特的铁矿石被用福特的船只运到福特的钢厂，如此等等；另一家在英格兰成功的公司，辛格（Singer）每年生产少量汽车，而它使用的所有零部件几乎都是采购的。这两家公司都在一个高度竞争的行业环境中兴旺发达。

在零售业中可以看到另外一些例子，那里有各种各样不同规模的企业，其内部结构也是五花八门。有些企业已经宣告实现了规模经济，而整个市场很小，难以让大量不同组织在其中活动，但这种情况并不典型。[①] 大多数没有政府保护的公司至少都遭受到某种竞争的损害。实际上，《经济观点杂志》提供了一个常数：在各个制造行业中，有四家大公司占全行业 50％以上产出的比例，大约为三分之一。[②]

除了历史发展的原因，我们究竟为什么会有大型的、非常多元化的组织，这是个难题，在有着要求效率的强大压力的市场中尤其令人困惑。在政府中，要求效率的压力不大，因此，如果看到在规模上特别无效的组织，我们不会感到意外。

对这些大型组织的最佳解释，也是我极为谨慎地提出的一个解释，部分原因在于这一解释并非我的原创，但也是由于它的地位尚未得到广泛认可。这个解释是，只有相对来说极少数的人具有能妥当承担高级行政管理职位责任的特殊才能。这种解释的第一个例子与经商技巧有关，无论我们想到的是向大航空公司推销飞机，还是向平均心理年龄为 14 岁的消费者推销电影。在这两个行

① 我个人参与的一家企业生产了一种专用但相当好用的液体清洁剂。我们公司中生产这种产品的那个部分有四位雇员，而且目前满足了全国 80％以上的需求。这里的任何一个人都不大可能承受降薪求职，因为那样的话，他们几乎必然得从一个更小的规模起步。

② Julian L. Simon，"Great and Almost Great Magnitudes in Economics，" *Journal of Economic Perspectives* 4（Winter 1990），149—156，esp. 154. 附上我自己的一个常数，在制造业中，一家公司生产全行业 100％产出的比例，大约为零。

业，重要的是在投入大量金钱进行设计和制作之前，就猜测出产品是否卖得出去。

在零售业组织中，恐怕用百分比来说明更为重要。毕竟，他们用在固定资本上的花费要比，比如说飞机制造商，少得多。如果飞机制造商开始设计一种新型运输机，光是生产出最初的模型，它就必须花上几年时间，还得付出多得无法计量的工程技术力量。

麦当劳该不该着力推崇罗纳德·麦克唐纳？他们该不该在餐馆外面建个小型游乐园？他们该用固定菜谱，还是像汉堡王那样，允许个人选择他们喜欢的汉堡呢？显然，这些决定都非常困难，而且只有极少数几个人能非常熟练地进行这类决策。

如果确是这样，那么，大型组织集中利用这些要求高回报的稀有人才，它就是一种明智的安排。如果你能把这种官僚结构的规模最小化，同时还能通过授权经营的方法集中进行这种控制，那也是明智的。然而，大多数庞大的超市连锁店都是从上到下集中管理的。许多超市甚至自己生产一些产品。

这些相当神秘的人才——当格兰特公司或蒙哥马利·沃德公司错过了他们时，就导致崩溃，而当他们出现在西尔斯·罗巴克和J. C. 彭尼等大百货公司时*，就导致了大发展——大概不仅稀少而且难以发现。或许有许多人像目前的经理一样好，或者比这些经理还要好，但是，除非把他们放到一家大商店头头的位子上，看

---

* 这里提到的蒙哥马利·沃德(Montgomery Ward)是创建于美国芝加哥市的全球首家日用品直销邮购商，现已是美国最大的零售商之一。格兰特(Grant's)、西尔斯·罗巴克(Sears Roebuck)和J. C. 彭尼(J. C. Penney)都名列美国最大的百货商店之中，它们的大型商店遍布美国各大城市。——译者

看他们干得有多好，否则就没有办法弄清楚。

顶层人士不仅要有经商这种特殊才能，那种相当神秘的所谓管理能力也是必备的。在许多情况下，从了解用新技术可以做什么并下令去做的意义上说，创造性则是至关重要的。许多大型组织都有复杂的研究机构，但是这些机构更关注执行来自销售人员或管理层的想法，而不是关注他们自己的创造性想法。

所有的这一切都是在努力解决一个难题。我们切实观察到的是一个有许多不同组织规模的社会，它的范围从一端的个人到另一端的罗马天主教会。

自亚当·斯密的时代以来，通过我们同胞的合作使我们自己得到巨大收益就成为我们文化的一部分。自旧石器时代以来，人们就肯定已经知道，我们能够通过同胞之间在直接和破坏性意义上的竞争为自己带来巨大收益。而建设性的竞争有益，在亚当·斯密之前也已经为人们所知。特别值得注意的问题是，要让这三个方面保持在适当的范围内并利用它们。

我们试图用警察和法律来消灭破坏类的竞争。这么做遵从的不是我们继承来的原则，而且在美国用于警察部队和法律活动的资源确实相当多。承担这种成本是为了防止损失，而不是为了取得收益。

当我们避开防止谋杀、欺诈和偷盗的问题，而面对我们的活动中更富建设性的部分时，我们再次看到大量等级制组织，有的大，有的小；它们彼此相互作用，有时竞争，有时合作。

把这些等级制分为政府等级制和市场等级制，这是我们的习惯，也是本书一直遵循的做法。实际上，还有许多既不是政府的也不是市场的等级体系——我刚刚提到了罗马天主教会——但是这里极少讨论到它们,主要是因为我不了解它们。

我们的社会中还有一种非常重要的组织,尽管我不知道它是否该被称为等级制。这就是家庭。家庭有许多不同形式,从西方传统的核心小家庭,到东方几代同堂的大家族。至少在美国,家庭现在正在发生迅速的变化。我在本书中对家庭所做的讨论只到这种程度。

关于政府和市场的等级制,我还想重复我已经重复过几遍的话,那就是"从社会学的角度看,它们全都是一样的"。这并不是说,它们在其他方面也是一样的。在社会中简单的市场部分,大多数人把大部分时间和大部分注意力用在了谋求最大利润上。在衡量大型等级制中至少某些下级人员实现目标的程度时,这么说也不是什么坏事,因为他们就是这样持续承受着要求效率的压力。

在政府等级制中,也有某种要求效率的压力。遗憾的是,这种压力实在说不上强大。实际上,我们不时建立一些特别委员会来考察政府,而这些委员会总能发现大量的无效活动。然而非常常见的是,这些委员会提出的具体建议也是无效的。没人肯出百万美元为它们的最佳决策打赌。请注意,这里的效率是个狭义的技术定义。古拉格的内部似乎一直是高效的。

从比较真实的层面上讲,一家公司利用多少带有欺骗性的广告或是靠节省安全装置等类似的方法就能增加利润的情况,极为罕见。这里有一种破坏性的相互作用,那是我们愿意让警察和法院来加以防范的。遗憾的是,警察和法院他们自己在这方面也不是非常高效的。而且,警察和法院可以施加巨额成本,阻碍新思想的发展。新药和改良药品的生产比例已经大大降低，这在一定程度上是由美国食品和药品管理局（FDA）造成的。FDA 对新药规定了一些标准，这些标准的直接后果是：首先，使新药的开发比以前更为昂贵，并因此减少了研发带来的利润；其次，它强制推迟新药的利用。其实，FDA 造成的不必要死亡在数量上很可能与波尔布特*造成的死亡等量齐观。

FDA 的问题是棘手的。各个公司都有着尽快生产新药的动机（将可能造成的法定伤害索赔置于一旁），而有些生产出来的新药无疑将是危险的。然而，拖延采用这些新药也是危险的。FDA 选择了强调新药的危险而对拖延造成的危险置之不理。因此，它提出了完全一边倒的计划，再说一遍，这种计划已经造成了许多不必要的死亡。①

另一个问题是新药民事侵权责任的发展，这确实已经导致了几家制药公司的破产。另一些公司则认定，在某些领域进行实验实在是太危险了。为治疗某种疾病而采用一种新药，经过了很长一段时间后，可能产生在采用它时没有发现的继发后果。法官和陪审团在这类案件的伤害赔偿上已经变得极为慷慨，当然，制药公司没有能力去找到没有受到伤害的人们，并收集他们从这种药物上受益的价值数据。因此，由于这些潜在的危害，对社会有益的药

* Pol Pot，柬埔寨红色高棉领导人（1963—1981），民主柬埔寨政府总理（1976—1979）。在任期间曾造成两三百万柬埔寨人的非正常死亡。——译者

① Sam Peltzman，Review of *Innovation in the Pharmaceutical Industry*（by David Schwartzman），*Journal of Economic Literature* 16（1978），149—150. 亦可见 William m. Wardell，"Economic or Medical Criteria，Br Both，in Policy Decisions about Medicines?"*Journal of Health Economics* 2，no. 3（1983），275—279.

品可能就不生产了。

我扯到这个问题上要说的关键是，不同类型的机构、等级制和个人之间的互动常常是复杂的。我们想要设计的等级制，不仅要内部运行良好，而且要在与其他方面的互动中也能表现良好。

再重复一遍以前概括的哲学思想，我们的社会中有许多个人，他们能够从合作中收益众多，也能从对他人的掠夺中获益。如果他们是掠夺的受害者，他们也得忍受痛苦。而且，要证明掠夺者—受害者的关系对受害者的伤害大于对掠夺者的好处是相当容易的。因此，我们愿意接受合作关系。合作的形式多种多样，但是我们可以把它大致分为两类：买与卖和等级制的相互关系。任何良好的社会都会有这两类关系的混合构成。

本书主要关注的一直是等级制的结构，但是我必须强调，等级制已经参与了市场类型的互动，而这种互动对彼此的影响非常大。这些等级制中有的是各级政府而不是私营企业，而且在这类情况下，市场的反应往往是控制变弱了。实际上，这类关系可以轻易地堕落为掠夺者—受害者类型的组织。

然而，说到等级制，世界上有数量多得数不清的不同组织。毫无疑问，变异的部分是历史的结果而不是今天的发展，政府等级制更是如此。但是，在市场中，一个等级制必须高效才能生存，因此，当我们发现了大量设计极为不同的等级制时，我们陷入了困惑。

当然，这种情况是我们看到的真实世界。重复一下先前用过的一个例子，零售业有时候由个别商店通过批发商等渠道进行采购来经营；有时候由集中管理的组织如西夫韦超市来经营；有时候由一种类似联合的我们称之为授权经营的方式进行，也有时候由以宏碁硬件公司为代表的，我称之为反向授权经营的那种结构进行。但这并不是这些组织所能建立的所有不同方式的一个完整列表。

再重复一遍，大量不同组织的这种存在呈现了一种困惑。简单的解释是，组织形式说明不了什么问题。如果这是事实，企业和公共管理领域中数量相当可观的教授们就该受到鼓励去找出更能说明问题的活动。假设这不是事实，就有了一种备选解释，那就是，这些组织满足了多种问题的细节，而这些细节决定了某种结构形式是最有效率的。在我看来，这是最可能的解释，但是正如读者已经发觉的，我还不能正确指出那些细节因素。

要编出个故事，说明为什么我们看到的那个结构是高效的，那是相当容易的事。我曾几次回溯通用汽车公司买下费雪车身厂时的解释，那是卖方垄断/买方垄断的解释。诚然，这是那个解释中非常重要的一个部分，然而，我们还得说明为什么通用汽车公司并没有买下它的底盘(frames)主要供应商的原因。那里也存在卖方垄断/买方垄断的关系啊。或许，车身有什么特别的地方不适用于底盘，但是我只能说我还没有找出这种不同。

在对等级制的形式进行了通盘考虑之后，我们能说出一大套让等级制最有效运行的办法来。正如上一章中所说，利用激励并使它们充分发挥作用是重要的。然而，根本结构仍然是个谜。

坦率地说，我一直受到这个问题的困惑，我可以把这份手稿束之高阁，并寄希望于再经过 20 年的思考，或许能解决这个问题。然而，由于我已经 69 岁了，这么做看来不可行。替代的办法是把这个问题提交给我的读者们，并寄希望于他们能解决这个问题，最好用不到20年。埃勒里·奎因的秘密*含有对读者的挑战。我正在援引那个先例。你能提出对这些多层面不同组织形式的一个解释吗？如果你能，你会变得既富有又出名。你也会对社会做出巨大贡献。有了所有这些激励，你肯定会试一试的。

* Ellery Queen，是曼弗雷德·B.李（1905—1971）和弗雷德里克·丹奈（1905—1982）这对表兄弟合用的笔名，也是他们合作撰写的许多侦探推理小说中的主人公的名字，这位主人公本身就是一位侦探小说家和超级侦探。李和丹奈于1941年创办了《埃勒里·奎因神秘杂志》。——译者

英汉译名对照表

accounting: in corporations 核算:公司中的; in government agencies 政府机构中的; in U. S. Federal government 美国联邦政府中的
Ace Hardware organizational structure 宏碁电脑公司的组织结构
AEC(Atomic Energy Commission) 原子能委员会
Alchian, Armen 阿门·阿尔奇安
Alchian-Demsetz transaction costs theory 阿尔奇安-德姆塞茨的交易成本理论
Allies: within corporations 同盟军:公司内的
ants: difference with human beings 蚂蚁:与人类的区别; economic theory about ants 有关蚂蚁的经济理论; trade by ants 蚂蚁的交易
appellate courts 上诉法院
Arizona, government in 亚利桑那州的政府
armies 军队,陆军
arms industry 军工业
Athenian Empire 雅典帝国
Atomics Energy Commission (AEC) 原子能委员会(AEC)
auditing 审计
Autocracy(Tullock) 《专制制度》(塔洛克 著)
automobile manufacturers: organizational structures 汽车制造商:组织结构; shifting of research and development to suppliers 将研发转给供应商

"band of brothers" in British civil services 英国公务员中的"兄弟帮"
Banfield, Edward C. 爱德华·C. 班菲尔德
bargaining, between employees 雇员之间的交易
Barzel, Yoram 约拉姆·巴齐尔
Bennett, James T. 詹姆斯·T. 贝内特
black box (Cantillon) 黑匣子(坎蒂隆), 270, 271
boards: advisory 顾问委员会; in government vs. business 政府与企业中的; that are ultimate sovereigns 最高权威
boards of directors: dealing with 董事会:打交道; mutual insurance companies 互助保险公司; nonprofit organization 非营利组织
bonus for executives 给行政管理人员的奖金红利
bribery of judges 法官的受贿
British civil service 英国的公务员
Buchanan, James M. 詹姆斯·M. 布坎南
Building industry example 建立行业典范
Bureaucracies: in centralized vs. decentralized democracies 官僚体制:从中央集

下放;effect of war on size of 战争对政府规模的影响;efficiency 效率;functional vs. geographic organization 职能组织与地理组织;historical overview of size of 关于政府规模的历史概览;incentives to employees 对员工的激励;largest one 最大的政府;measuring of efficiency of 对政府效率的评估;methods of control within 政府内控制的方法;need for some disorganization in 政府中打乱组织结构的某种必要;nonoptimal size of U. S. 美国政府的非最佳规模;optimal size 最佳规模;profit-making enterprises 营利企业;reasons for existence 存在的理由;relation with legal systems 同法律制度的关系;size of 政府的规模;that are corporations 是公司的政府;Tullock's recommendations 塔洛克的建议;uniform performance measures 统一绩效衡量标准;use of accounting controls 利用核算控制

government vs. market problem 政府问题与市场问题:in history 历史上的;how to resolve 如何解决

Grampp,William Dyer 威廉·戴尔·格兰普

Grant,Ulysses S. 尤利西斯·S. 格兰特

Hansmann,Henry 亨利·哈斯曼

hierarchical organizations: 等级制组织:immense numbers and variety of 多得数不清的数量和变异;time devoted to supervision in 专用于监管的时间;types 类型;view from within 从内部来看;why they exist 存在的理由

hierarchies: 等级制:descriptive accounts about 关于等级制的描述;diversified activities by 多样化的活动;diversity of human 人类等级制的多样性;vs. markers 等级制与市场;mixed 固定的等级制;power of individuals in 等级制中个人的力量;question of ultimate control of 最终控制的问题;relationships with market organizations 与市场组织的关系;similarities among 组织间的相似性;specialization 特殊性;Tullock's definition 塔洛克对等级制的定义

Hoover,J. Edgar J. 埃德加·胡佛

How to succeed in Business Without Really Trying(Mead) 《不费力如何在商界取得成功》(米德)

Huang Liu Hang,*A Complete Book Concerning Happiness and Benevolence* 黄柳杭,《福善全书》

Hull,Raymond,*The Peter Principle*, 雷蒙德·赫尔,《彼得原理》

"I,Pencil"(Read) 《铅笔自述》(里德 著)

impacted information 受影响的信息

incentives to subordinates 对下属的激励;to corporate executives 对公司管理人员的激励;costs to employers 雇主的成本;formal systems of 正式的激励方法;positive vs. negative 正面激励与负面激励;and pursuit of superior's own goals 激励与追求上级自己的目标;relation with information and control within organizations 激励与信息的关系和组织内的控制

inferiors 下级人士

limitations to accounting 核算方法使用的限度

nonprofit organizations 非营利组织

subordinates by results 根据成果对下属做出判断；within military 军队中的监管；optimal efficiency 最佳效率；of physical labor 体力劳动者的效率；by pressuring lower-level officials 对低级官员施加压力；of routine tasks 对日常工作的监督；by stockholders 由股东监督；structures with minimal need for 需要最少监管的结构；techniques to help relax control 有助于放松控制的办法

supervisors：assigning tasks to subordinates 监管人员：给下属分配任务；decision about what to supervise 确定监管内容；need to relax control over subordinates 放松对下属控制的必要；time allocated to supervision 分配给监管的时间

Switzerland，government in 瑞士政府

takeover bids 接管出价

Tallyrand-Perigord 塔利兰德-佩里高得

tasks in hierarchies：assignment of，for increasing control 等级制的任务：分派任务，以增强控制；deciding which to monitor 决定监测什么；optimal span of control 最佳控制周期

supervision of routine 日常监管

tax farming 农业税

taxes：redistribution 税收：再分配

Taylor，General Maxwell Davenport 马歇尔·达文波特·泰勒将军

termites：difference from human beings 白蚁：与人类的区别；economic theory about 关于白蚁的经济理论；trade by 白蚁之间的交易

Tito，Marshal 马歇尔·铁托

Tollison，Robert D. 罗伯特·D. 托利森

Tolstoy，Leo 利奥·托尔斯陀伊

Toward a Theory of the Ren-seekting Society 《面对一种寻租社会的理论》

transaction costs：and existence of hierarchical organizations 交易成本：与等级制组织的存在

transaction model(Coase) 科斯的交易模型

Tullock，Gordon：*Autocracy* 戈登·塔洛克：《独裁统治》；*Economics of Special Privilege and Rent-Seeking* 《特权与寻租的经济学》；"Mosquito Abatement" 《蚊虫叮咬》；*The Organization of Inquiry* 《组织的探索》；*The Political Economy of Rent-Seeking* 《寻租的政治经济学》；*The Politics of Bureaucracy* 《官僚体制的政治》；*Toward a Theory of the Rent-Seeking Society* 《面对寻租社会的一种理论》；"Utility，Strategy，and Social Decision Rules，A Comment" "The Welfare Costs of Tariffs，Monopolies，and Theft" 《关税、垄断与偷盗的福利成本》

U. S. Civil Service Commission 美国文官委员会

U. S. Congress 美国国会

U. S. Department of State 美国国务院；organizational structure 组织结构；performance measures 绩效标准

U. S. Food and Drug Administration (FDA)美国食品与药品管理局(FDA)

Vishny，Robert W. 罗伯特·W. 维什尼

voters： 选民：compared with stockholders 与股东的比较；conflict of interest of 利益冲突；difference from consumers 与消费者的区别

voting：history of 选举：历史

图书在版编目(CIP)数据

经济等级制、组织与生产的结构/(美)戈登·塔洛克著;柏克,郑景胜译.—北京:商务印书馆,2017
(汉译世界学术名著丛书:120年纪念版:珍藏本)
ISBN 978-7-100-14129-1

Ⅰ.①经… Ⅱ.①戈… ②柏… ③郑… Ⅲ.①新制度经济学—研究 Ⅳ.①F091.349

中国版本图书馆CIP数据核字(2017)第139546号

汉译世界学术名著丛书
(120年纪念版·珍藏本)
经济等级制、组织与生产的结构
〔美〕戈登·塔洛克 著
柏克 郑景胜 译

商务印书馆出版
(北京王府井大街36号 邮政编码100710)
商务印书馆发行
南京爱德印刷有限公司印刷
ISBN 978-7-100-14129-1

2017年12月第1版 开本710×1000 1/16
2017年12月第1次印刷 印张15¾

定价:80.00元